ullstein

Das Buch

Nach wie vor genießt Altkanzler Helmut Schmidt höchstes Ansehen. Gerade erst gab es zu seinem 90. Geburtstag einen wahren Medienhype. Weit über Deutschlands Grenzen hinaus wird sein Rat gesucht. Vor einiger Zeit empfing er in seinem Haus in Hamburg sieben ganz unterschiedliche Menschen, um sich mit ihnen über Politik zu unterhalten. Die Gesprächsleitung übernahm Sandra Maischberger. Bis spät in die Nacht stand Schmidt Rede und Antwort und scheute sich nicht, Dinge beim Namen zu nennen und manches private Detail beizusteuern. Schmidt äußert hier nicht nur sehr dezidiert seine Meinung zu vielen politischen Fragen – vom 11. September und seinen Folgen bis zu »seiner« SPD –, er gewährt auch Einblicke in die Kategorie »Wie-war-das-damals-eigentlich?«: Vom Nato-Doppelbeschluß, über sein vielschichtiges Verhältnis zu Willy Brandt, bis zur Zeit des RAF-Terrorismus, wo man als Bundeskanzler mit Entscheidungen auf Leben und Tod konfrontiert war.

Die Autoren

Helmut Schmidt, geboren 1918 in Hamburg, saß für die SPD im Bundestag (1953–1961, 1965–1987), zeitweise als Fraktionsvorsitzender. Er war Hamburger Innensenator, Bundesverteidigungsminister, Bundeswirtschaftsminister, Bundesfinanzminister und schließlich Bundeskanzler (1974–1982). Er ist Mitherausgeber der Wochenzeitung *Die Zeit* und hat zahlreiche Bücher veröffentlicht. 2008 feierte Helmut Schmidt seinen 90. Geburtstag.
Sandra Maischberger, geboren 1966 in München, ist Journalistin, Moderatorin, Produzentin und Autorin. Sie moderierte zahlreiche Interviewsendungen wie *Live aus dem Schlachthof*, *Talk im Turm* und *Maischberger*. Derzeit moderiert sie die Talkshow *Menschen bei Maischberger* im Ersten.

INHALT

Vorwort 7

Die Teilnehmer 13

Erste Gesprächsrunde 17

Titel und Ehrungen – Berufspolitiker wollte ich eigentlich nie werden – Die Prägung durch den Krieg – Pflicht und Verantwortung – Ein schweres Amt – Öffentliche und private Moral – Politik im Medienzeitalter – Der 11. September und die Folgen – Die Vertrauensfrage – Politik und Karriere – Zur Selbstbehauptung – Der NATO-Doppelbeschluß – Drei Jahre Fraktionsvorsitzender – Nicht alle Politiker sind Karrieristen – Ein Beispiel aus dem Verteidigungsministerium

Zweite Gesprächsrunde 75

Mit Leib und Seele Hamburger – Ein Reihenhaus in Langenhorn – »InterAction Council« – Die Modernisierung Chinas – Der Islam als Weltreligion – Ein Wort zu Kardinal Ratzinger – Das Problem der Überbevölkerung – Zum Religionsunterricht an deutschen Schulen – Die schwierige Integration der Ausländer – Volksabstimmungen – Die

Einführung des Euro – Über das Rauchen – Zur Gesundheitspolitik – Zur Finanz- und Steuerpolitik – Einige Bemerkungen zum Wahljahr – Die rot-rote Koalition in Berlin – Bundeswehr oder Ersatzdienst? – Über Kindererziehung – Ein Leben mit der Musik

Dritte Gesprächsrunde 159

Kindheit und Jugend im Dritten Reich – Die große Scheiße des Krieges – Mein Vater – Der jüdische Großvater – Über den Zustand der Jugendstrafjustiz in Deutschland – Der fatale Einfluß des Fernsehens – Vorbilder – Argumente und Kompromisse – Die Psychose von 1968 – Die Jahre des Wiederaufbaus – Der Terrorismus der RAF – Die Kanzler der Bundesrepublik – Einige abschließende Fragen – Gang durchs Haus –

Letzte Runde: in Ottis Bar 219

Umgefallen ist hier noch keiner – Vom Angeln und Segeln – Das Klischee vom Macher – Meine Freundschaft mit Sadat – Cato Bontjes van Beek – Der sechzigste Hochzeitstag – Das Privatleben der Politiker – Wahrheit und Lüge in der Politik – Gibt es Freundschaft in der Politik? – Mein Verhältnis zu Willy Brandt – Das Geschenk der Wiedervereinigung – Einige Bemerkungen zur ZEIT – Über Autofahren, Telefonieren und das Klischee der Arroganz

Anhang 261

Leserbrief an die Redaktion der *Welt*

VORWORT

Nachdem ich 1982 aus dem Amt geschieden war, habe ich eine Reihe von Büchern veröffentlicht und zahlreiche Artikel geschrieben, darüber hinaus vielerlei Vorträge vor den verschiedensten Auditorien gehalten. Aber die interessantesten und für mich selbst lohnendsten Erfahrungen habe ich immer während der anschließenden Diskussionen und Fragestunden gemacht, insbesondere dann, wenn die Massenmedien nicht anwesend waren. Bei Abwesenheit von Presse und Fernsehen sind alle wesentlich unbefangener und kaum besorgt, sich unwillentlich öffentlich bloßzustellen; und auch der Redner legt nicht jegliches Wort auf die Goldwaage, bevor er es ausspricht. Zwar ergibt eine Tonbandaufnahme hinterher bisweilen, daß diese oder jene Frage, die zunächst etwas naiv geklungen haben mag, tatsächlich gewichtig gewesen ist, oder daß umgekehrt eine Antwort, welche beifällig aufgenommen wurde, wohl doch etwas oberflächlich oder ergänzungsbedürftig war. Aber weil Fragestunden lebendig sind, hinterlassen sie oft einen nachhaltigeren Eindruck als die vorausgegangene Rede – und als mancher geschriebene Text.

Texte von Politikern gehören in sehr verschiedene Kategorien. Manche Politiker schreiben Sachbücher und Aufsätze; in der Regel unter gehörigem Aufwand von Fleiß und Zeit sorgfältig erarbeitet und formuliert, sind diese Texte nicht immer besonders interessant oder anregend. Wesentlich häufiger begegnet man dem Abdruck (oder dem auszugsweisen Abdruck) einer Rede, die im Parlament oder bei einer feierlichen öffentlichen Gelegenheit gehalten wurde. Sie ist in den meisten Fällen ebenfalls penibel vorbereitet (vielfach auch durch Ghostwriter vorformuliert oder akzentuiert) und soll gleicherweise durch ihren Inhalt wie durch ihre prägnanten Formulierungen wirken. Zu den herausragenden Beispielen der Rhetorik gehören manche Regierungserklärungen oder auch programmatische Parteitagsreden.

Während ein intensiv vorbereiteter, ausgefeilter politischer Text hohe Bedeutung haben und weitreichende Wirkungen auslösen kann, gibt ein spontaner Diskussionsbeitrag oft einen viel stärkeren Eindruck von der Person des Redners. Auf eine improvisierte, im Rahmen einer Debatte gehaltene Stegreifrede kann sich der Sprecher nur dadurch vorbereiten, daß er sich während der Ausführungen seiner Vorredner Notizen macht und den Aufbau seiner Erwiderung skizziert. Darin wird er dann als umsichtig oder als reaktionssicher erscheinen, als verletzbar oder verletzend, als scharf oder witzig oder als einer, der sich unter Kontrolle hat; im schlimmsten Fall wird seine Antwort als unerheblich betrachtet werden – oder auch als ausufernd. In dreißigjähriger Zugehörigkeit zum Bundestag habe ich manche groß angekündigten Reden und Erklärungen erlebt – auch manche Bücher und Aufsätze meiner Kollegen gelesen –, die mir eher abstrakt als anschaulich erschienen. Ganz anders dagegen die quasi aus dem Handgelenk geschüttelten Erwiderungen durch Politiker wie Fritz Erler, Herbert Wehner oder Franz Josef Strauß: Hier wurde zusätzlich die Person erlebbar.

Es waren diese Erfahrungen, die mich im Frühjahr 2000 auf ein Experiment haben eingehen lassen. Bruno Kammertöns aus der ZEIT-Redaktion schlug mir vor, zwei Stunden für Fragen aus dem Kreis der Leser und Freunde der ZEIT zur Verfügung zu stehen; die Fragen würden teils politischer, teils allgemeiner Natur sein, vielleicht auch sehr persönlich, jedenfalls würde ich keine der Fragen, nicht einmal die Themen vorher kennen. Ich müßte spontan antworten – und anschließend würde man das Ganze als einen Frage- und Antwort-Katalog in der ZEIT abdrucken. So haben wir es dann auch gemacht.

Weil dieses Interview über den Kreis der ZEIT hinaus ein großes Interesse gefunden hat, kam Thomas Karlauf auf den Gedanken, ein ähnliches, aber sehr viel umfangreicheres Gespräch zu veranstalten, mit einem wesentlich breiteren Spektrum an Fragen, und dieses dann als Buch vorzulegen. Seine Idee war, möglichst viele Fragen aufzubringen, die junge Leute gern an einen ehemaligen Politiker richten würden, wenn sie dazu Gelegenheit hätten – nach dem Motto »Was ich Sie schon lange mal fragen wollte ...« oder aber »Hand aufs Herz, wie ist das damals in Wahrheit gewesen?«

Deshalb kam es für dieses Buch zunächst auf die richtigen Fragen an. Um eine große Vielfalt der Fragen zu erreichen, schien es zwei mögliche Wege zu geben. Man konnte entweder in größerer Zahl neugierige Fragesteller zum Gespräch einladen, oder man konnte einen professionellen Interviewer bitten; dieser sollte nicht bloß sein Handwerk beherrschen, sondern darüber hinaus dank seiner menschlichen Erfahrung, seiner Allgemeinbildung und seiner politischen Kenntnisse sich auch so weit in die Neugier des späteren Lesers einfühlen können, daß er dessen Fragen gleichsam vorwegnehmen würde. Im Ergebnis haben wir dann beide Wege miteinander kombiniert. Wir haben einerseits Sandra Maischberger gewinnen können und andererseits sechs neugierige, überwiegend junge Personen aus verschiedenen Lebensbereichen eingeladen (sie sind auf Seite 13 bis 15 namentlich genannt, mit einer Ausnahme habe ich sie vorher nicht gekannt).

Die große Mehrzahl aller Fragen stammte von Frau Maischberger, die im übrigen auch moderiert und dafür gesorgt hat, daß jeder zu Wort kam. Das Treffen, das Anfang Dezember 2001 stattfand – vier Wochen später trafen sich Frau Maischberger und ich noch einmal zu einem Nachgespräch – sollte auch in einem Film dokumentiert werden. Um eine trotz Kameras und Mikrophonen möglichst ungezwungene Atmosphäre zu haben, fanden die Gespräche in unserem Haus in Hamburg statt, dabei sind auch die in diesem Buch verwendeten Fotos entstanden.

Was nun meine Antworten angeht: Sie sind gewiß an manchen Stellen unvollkommen. Das ergibt sich zwangsläufig aus dem Umstand, daß es sich um spontane Antworten auf mir vorher unbekannte Fragen handelt. Ich habe gleichwohl alle Antworten in ihrem Inhalt und in ihrem Sprachduktus unverändert gelassen, einschließlich einiger Akzente, die manchem Leser vielleicht hart vorkommen mögen. Auch einige jener Fragen blieben bewußt erhalten, auf die ich die Antwort verweigert habe. Wenn ich jede Frage in Ruhe und schriftlich hätte beantworten sollen, so wären meine Formulierungen gewiß deutlich sorgfältiger ausgefallen – dafür aber wahrscheinlich etwas langweiliger. Nachträglich habe ich an einigen wenigen Stellen lediglich geringfügig redigiert oder auch entbehrliche Längen gestrichen. Im übrigen aber handelt es sich um »Originalton«.

Zu erwähnen bleibt die Arbeit des Initiators und Lektors Thomas Karlauf. Er hat die Episoden in eine lesbare Reihenfolge gebracht; zur Abrundung des Stoffes wurden einige kurze Abschnitte über Kindheit und Jugend im Dritten Reich aus einem *Spiegel*-Interview vom Mai 2001 sowie einige meiner Antworten aus dem oben erwähnten ZEIT-Interview vom 31. Mai 2000 eingefügt.

Mein Dank gilt allen Beteiligten: an erster Stelle Frau Maischberger – ich finde, die vielen Stunden intensiver Arbeit und gemeinsamer Anstrengung haben sich gelohnt – und Herrn Karlauf, aber last not least meiner Frau Loki, die zwei Tage lang als Gastgeberin ein mittleres Tohuwabohu in unserem Hause ertragen hat.

Vielleicht darf ich am Schluß mein eigenes Interesse an den hier gedruckten Texten darlegen: Mir lag am Herzen, persönliche Auskunft zu geben. Es handelt sich um Auskünfte eines Menschen, der sich selbst gelegentlich gern einen Sozi nennt – was für mich seit einem halben Jahrhundert keineswegs Sozialist, sondern immer Sozialdemokrat bedeutet. Oder wie mein Freund, der Hamburger Altbürgermeister Peter Schulz, einmal in einem Vortrag formuliert hat: Der Sozialismus ist tot – es lebe die Sozialdemokratie.

Hamburg, im Februar 2002 Helmut Schmidt

DIE TEILNEHMER

Sandra Maischberger
geboren **1966** in München, nach Abitur 1985 und Ausbildung an der Deutschen Journalistenschule in München arbeitete sie zunächst im aktuellen Radioprogramm des Bayerischen Rundfunks, übernahm 1989 die Moderation der erfolgreichen Jugendsendung »Live aus dem Schlachthof« beim Bayerischen Fernsehen; 1991 Co-Moderatorin von Erich Böhme bei »Talk im Turm«. Nach Stationen bei Premiere, Spiegel TV und freier Tätigkeit für den WDR, das ZDF und den Bayerischen Rundfunk leitete sie von 2000 bis 2003 die nach ihr benannte Gesprächsrunde bei n-tv. Seit September 2003 moderiert sie eine eigene Talk-Sendung in der ARD.

Conrad Blobel
geboren **1982** in Hamburg, Schüler des Gymnasiums am Heimgarten in Ahrensburg mit den Leistungskursen Englisch und Biologie; Abitur im Juni 2002.

Jenny Oesterle
geboren **1978** in Gießen; mehrere Preise im Schülerwettbewerb Deutsche Geschichte der Körber-Stiftung um den Preis des Bundespräsidenten; 1997 Studium der Geschichtswissenschaft, Islamwissenschaft und evangelischen Theologie in Gießen, seit 2000 in Münster; 1999 Stipendium der Studienstiftung des Deutschen Volkes; Herbst 2001 Praktikum am Orientinstitut der Deutschen Morgenländischen Gesellschaft in Beirut.

Michael Frey
geboren **1972** in Dortmund, 1991 Abitur, 1993 bis 1997 Studium an der Musikhochschule Detmold, 1994 bis 2001 Studium der Geschichte und Musikwissenschaft an der Ruhr-Universität Bochum; 2001 »Preis der Universität« für die Magisterarbeit »Die voluntaristische Wende – die Entwicklung des SDS 1966/67«; seit August 2001 Doktorand am Lehrstuhl für Neuere und Neueste Geschichte an der Ruhr-Universität Bochum.

Sabine Kriens
geboren **1972** in Mülheim an der Ruhr, 1992 Abitur in Hamburg; 1993 Studium der Zahnmedizin an der Universität Hamburg, 1998 Staatsexamen, anschließend Assistenzzahnärztin; seit November 1999 Promotion an der Medizinischen Hochschule Hannover; seit November 2001 in Praxisgemeinschaft niedergelassene Zahnärztin in Hamburg.

Marco Bastian
geboren **1964** in Flensburg, Lichtplaner; 1980 Realschulabschluß in Kiel, anschließend Ausbildung zum Groß- und Außenhandelskaufmann; 1984 bis 1991 im Vertrieb für Büroelektronik, seit 1992 selbständiger Handelsvertreter; 1999 Eröffnung des ersten Ladengeschäfts für Designbeleuchtung im Privat- und Objektbereich.

Robert Vehrkamp
geboren **1964** in Nordhorn, verheiratet, drei Kinder; 1983 Abitur in Lemgo, 1985 Studium der Volkswirtschaftslehre, Geschichte und Politikwissenschaften in Bonn, Köln und London, 1992 bis 1995 Wissenschaftlicher Mitarbeiter am Institut für Wirtschaftspolitik der Universität Witten/Herdecke; 1995 bis 1998 Geschäftsführender Gesellschafter der Indes Wohntextil GmbH; seit 1999 Dozent für Internationale Wirtschafts- und Währungspolitik an der Universität Witten/Herdecke.

Thomas Karlauf
geboren **1955** in Frankfurt am Main, nach dem Abitur 1974 Ausbildung zum Verlagskaufmann in Amsterdam, anschließend Zeitschriftenredakteur; von 1984 bis 1991 Lektor, später Cheflektor des Siedler Verlags, anschließend bei Rowohlt Berlin, 1996 Geschäftsführer der Nicolaischen Verlagsbuchhandlung. Seit Januar 1997 selbständig als Literaturagent, Lektor und Autor; betreut seit 1986 die Buchveröffentlichungen von Helmut Schmidt.

ERSTE GESPRÄCHSRUNDE

Sie mögen es nicht, im Vergleich zu anderen Bundeskanzlern, wenn man Sie noch heute Bundeskanzler nennt. Warum nicht?

In Hamburg gibt es eigentlich nur zwei Titel. Der eine ist Herr Doktor, aber der gilt nicht für den Germanisten, sondern nur für den Mediziner. Und der andere ist Herr Senator oder Herr Bürgermeister. Andere Titel haben wir hier nicht.

Sie werden es nicht verhindern können, daß einmal Straßen nach Ihnen benannt werden.

Da muß man aber erst tot sein. Und in Hamburg muß man mindestens zwei Jahre tot sein, weil der Hamburger Senat sicher sein will, daß da nicht noch was Unangenehmes nachkommt.

Bei Ihnen geht das vermutlich schneller, oder?

Weiß ich nicht.

Versuchen Sie nicht manchmal, die eigene Person allzusehr in den Hintergrund zu stellen?
Nicht die eigene Person, aber Titel und Orden stören mich.

Mit welchem Argument lehnt man ein Bundesverdienstkreuz ab?
Das war für mich ganz selbstverständlich; ein bewußter Hamburger nimmt keine Orden an.

Aber angeboten hat man es Ihnen?
Ja, natürlich.

Mehr als einmal?
Für die Bundesrepublik genügt einmal. Dann weiß die Ordenskanzlei des Bundespräsidenten Bescheid.

Ihr Nachfolger hat das Bundesverdienstkreuz jeden Tag getragen, den er im Amt war. Fällt Ihnen auf Anhieb noch etwas anderes ein, das Sie von ihm unterscheidet?
Herr Kohl hat sich einmal als Generalist bezeichnet. Und natürlich muß ein Regierungschef von sehr vielen Dingen mindestens so viel verstehen, daß er Entscheidungen treffen oder herbeiführen kann. Ich selbst hatte mich, bevor ich Regierungschef wurde, zunächst auf Wirtschaftspolitik spezialisiert, sodann auf Verkehrspolitik, in den fünfziger und sechziger Jahren auf Verteidigungs- und Außenpolitik und Grand Strategy, anfangs der siebziger Jahre auf Finanzpolitik. In den unterschiedlichen persönlichen Werdegängen liegt ein Teil der Unterschiede zwi-

schen Kohl und mir begründet. Darüber hinaus will ich lieber nicht spekulieren.

Es gibt in der Verfassung kein Amt des Altbundeskanzlers, und doch sind Sie in dieser Eigenschaft mehrfach auch vom jetzigen Bundeskanzler um Rat gefragt worden. Sie publizieren, Sie sind in einer Art von politischer Pflicht – aus Neigung oder eben noch aus Pflichtgefühl?
Aus beiden Gründen. Sowohl aus Neigung – oder Interesse können Sie sagen – und bisweilen auch aus Pflichtgefühl.

Kann man, einmal angefangen politisch zu denken, damit nicht aufhören?
Das wird wohl von Fall zu Fall verschieden sein.

Horst Ehmke zum Beispiel schreibt heute Kriminalromane.
Ja, gut, der ist aber auch ein anderer Typus. Jemand, der sein Leben lang für die Musik und von der Musik gelebt hat, der hört auch nicht auf, Musik zu hören und musikalisch zu denken.

Gab es einen Zeitpunkt in Ihrem Leben, an dem Sie bewußt die Politik als Beruf gewählt haben?
Ich habe nie die Absicht gehabt, Politiker zu werden, sondern bin eigentlich aus Neugierde in die Politik geraten. Ich war zwar politisch sehr interessiert, bin nach der Kriegsgefangenschaft gleich in die Sozialdemokratische Partei eingetreten, weil ich die SPD für diejenige hielt, die mir am vernünftig-

sten schien. Ich habe mich dort betätigt, habe Vorträge gehalten, Diskussionen geführt. Aber in die hauptamtliche Politik bin ich eigentlich aus Neugierde geraten. 1953, im Frühjahr, kamen Leute zu mir und sagten: »Wir haben dir mal zugehört, du bist ganz intelligent, willst du nicht bei uns in unserem Wahlkreis für den Bundestag kandidieren?« Das habe ich mir angehört, habe aber nicht gleich ja gesagt. Dann kamen andere Leute, und wieder andere – drei verschiedene Bundestagswahlkreise wurden mir damals angetragen. Und dann habe ich gedacht, das wäre ganz interessant, mal vier Jahre lang in den Bundestag zu gehen. Ich habe den Wahlkreis genommen, der am dichtesten bei war, nämlich in Hamburg, die anderen waren weit weg in Niedersachsen. Ich habe wirklich gedacht, vier Jahre. Und hatte nicht etwa die Absicht, in der Politik zu bleiben.

Es gibt das Wort vom Berufspolitiker – es hat heute einen negativen Klang. Sind Sie ein Berufspolitiker?
Das bin ich zwangsläufig geworden. Das wollte ich aber eigentlich nicht. Das bin ich nach 1953 zwangsläufig geworden und bin es geblieben bis 1982.

Hat das Wort für Sie einen negativen Klang?
Nein ...

Es impliziert immer eine gewisse Ferne vom Leben. Einem Berufspolitiker unterstellt man, daß er nicht mehr weiß, was draußen passiert.

Es gibt Leute, die in die Politik gehen, um sie zu ihrem Beruf zu machen. Von denen halte ich im allgemeinen nicht viel. Aber deswegen muß das nicht bedeuten, daß jemand, der tatsächlich von Beruf Politiker ist, für mich von vornherein einen negativen Akzent hat. Sie müssen in einer modernen Industriegesellschaft Berufspolitiker haben – ob in Amerika, in Frankreich, in Deutschland –, überall, das ist zwangsläufig. Das war übrigens schon so im alten Athen, vor mehr als zweitausend Jahren zu Zeiten von Herrn Perikles.

Wie erklären Sie sich, daß das Wort Berufspolitiker so einen negativen Klang bei uns hat? Gerade unsere jüngeren Politiker versuchen immer krampfhaft, den Eindruck zu vermeiden, sie seien Berufspolitiker. Sie sagen, eigentlich bin ich Rechtsanwalt, eigentlich bin ich dieses und jenes, nur nicht Berufspolitiker. Warum ist das so? Haben Sie den Eindruck, daß bei den Politikern der ersten Generation in der Bundesrepublik ein anderes Verständnis von Politik vorherrschend war als bei denen, die heute ihren »Beruf« ausüben?

Die Probleme sind heute andere als etwa 1945 oder 1949 oder in den fünfziger oder sechziger Jahren. Das gilt übrigens nicht nur für Deutschland. Das gilt für alle Staaten. Aber es gibt einen ganz großen Unterschied zwischen den Politikern um das Jahr 2000 und denjenigen der späten vierziger, der fünfziger und sechziger Jahre. Und auch das gilt nicht nur für

Deutschland, das gilt auch für Frankreich oder für England. Damals, unmittelbar nach dem Zweiten Weltkrieg, kamen Leute in die Parlamente und in die Regierungen der europäischen Staaten, die den Krieg erlebt hatten. In Deutschland auch Leute, die aus dem KZ oder aus dem Zuchthaus kamen, aus der äußeren Emigration oder aus der inneren Emigration, die vertrieben worden waren aus Schlesien oder aus Ostpreußen oder noch viel weiter aus dem Osten. Die hatten alle ein Schicksal hinter sich, und wenn es nur das war, daß sie in den Kellern in Hamburg darauf gewartet hatten, daß Entwarnung gegeben wurde; als sie wieder rauskamen, war das Haus, in dem sie bis eben noch gewohnt hatten, verbrannt, weg. Die Leute, die die ganze Scheiße des Krieges hinter sich hatten, wollten nur eines: Um Gottes willen, das darf nicht wiederkommen! Es waren zum Teil junge Leute – ich war auch erst 27, als ich aus dem Krieg wiederkam –, junge Leute, aber sie hatten schon ein Schicksal hinter sich. Das kann man von den Heutigen nicht sagen – das kann man ihnen aber auch nicht vorwerfen. Das ist Zufall des Lebens. Aber sie sind natürlich weniger geprüft durch das, was vorher war, ehe sie in die Politik gerieten.

Wenn Kriegserfahrungen so prägend sind, heißt das, daß der Politiker Konrad Adenauer, der erste Nachkriegskanzler, vor dem Krieg ein nicht ganz so guter Politiker war wie der Nachkriegs-Adenauer mit seiner Kriegserfahrung?

Über den Kommunalpolitiker Adenauer vor 1933 – er war als Oberbürgermeister von Köln im wesentlichen

Kommunalpolitiker – kann ich nicht urteilen. Im Jahr '33 war ich 14 Jahre alt. Aber auf den Adenauer nach '45 trifft das zu, was ich vorhin gesagt habe. Er kam – wenn Sie das akzeptieren wollen – aus der inneren Emigration und war ein sehr erfahrener Mann mit einem ganz festgefügten politischen Vorstellungszusammenhang, stark im katholischen Milieu verwurzelt, aber doch andererseits emanzipiert. Er hatte sein eigenes Urteil. Er war stark rheinisch geprägt und hatte eine gewisse Affinität zu Frankreich, wie das bei vielen Leuten links des Rheins damals der Fall war. Adenauer hatte in den zwölf Jahren der Nazizeit und des Krieges sicherlich über manches nachgedacht und war, ähnlich wie wir jungen Leute, die aus dem Krieg nach Hause kamen, innerlich erfüllt von der absoluten Notwendigkeit, dazu beitragen zu müssen, daß sich das niemals wiederholen kann. Ich habe Adenauer gekannt, habe ihn ja erlebt viele Jahre lang in Bonn. Er war nicht mein Fall, ich wäre für den nicht durchs Feuer gegangen, aber ich habe ihn sehr respektiert, tue es heute noch, sogar mehr als damals, wenngleich ich auch die Fehler sehe, die er gemacht hat. Adenauer hatte eben auch ein Schicksal hinter sich, als er in die große Politik kam.

Wenn Sie sagen, Adenauer war nicht Ihr Fall: Inwieweit prägt persönliche Sympathie oder Antipathie die Arbeit eines Politikers?

Ich glaube, daß Sympathien und Antipathien eine Rolle spielen können. Ich glaube gleichzeitig, daß man versuchen muß, diese Rolle so klein wie möglich zu halten.

Das heißt, daß man selber sehr kontrolliert sein muß?
Kontrolliert sein soll, nicht muß, soll!

Nachdem Sie sich 1953 entschieden hatten, in die Politik zu gehen ...
Ich habe mich nicht entschieden, in die Politik zu gehen, ich habe mich entschieden, vier Jahre in den Bundestag zu gehen.

... es sind dann ja letztlich dreißig Jahre draus geworden, ein ganzes Politikerleben. Hat es im Laufe dieser Zeit irgendwann einmal eine Situation gegeben, wo Sie ernsthaft erwogen haben aufzuhören? Und wenn ja, warum haben Sie dann doch weitergemacht?
Ja. Es hat einmal diese Situation gegeben: Eine Stimmung bei mir, die hat sicherlich ein Jahr angehalten, in der ich mir gesagt habe, du bist jetzt Anfang Fünfzig, wenn du noch mal etwas anderes machen willst im Leben, mußt du raus aus der Politik. Außerdem hatte ich ein bißchen die Nase voll von den Problemen, mit denen ich damals zu tun hatte.

Wann war das? Das muß kurz vor Ihrer Kanzlerschaft gewesen sein?
Das war in den Jahren 1972/73. Warum ich weitergemacht habe, will ich Ihnen erklären: aus Pflichtgefühl gegenüber Willy Brandt, der war damals Bundeskanzler.

Haben Sie mit Brandt darüber geredet?
Ja.

Und Brandt hat Sie gebeten zu bleiben?

Nein, es war noch anders. Im Sommer 1972 ging der damalige Wirtschafts- und Finanzminister – die Zeitungen nannten ihn einen Doppelminister – Karl Schiller aus dem Amt; er verließ sein Amt aus einem, in meinen Augen nicht ausreichenden Grunde, notabene, aber das ist nicht wichtig. Ich war zu der Zeit Verteidigungsminister und gerade auf einem offiziellen Besuch in einem anderen NATO-Land, in der Türkei; Brandt ließ mich zurückrufen. Ich hatte keine Ahnung, was da in Bonn inzwischen passiert war. Als ich in Bonn ankam, war einer meiner Staatssekretäre, gleichzeitig mein Freund, Ernst-Wolf Mommsen, am Flughafen und klärte mich über die Situation auf. »Der Kanzler will, du sollst den Job von Schiller übernehmen.« Ich hatte also eine halbe Stunde Zeit – Fahrt vom Flughafen zum Kanzleramt –, um mir das durch den Kopf gehen zu lassen, und habe dann aus Pflichtgefühl zugestimmt, als Brandt mir die Frage stellte. Ich habe ihm aber gesagt, ich mache das nur bis zur nächsten Wahl. Da war er sehr entsetzt. Und als dann die nächste Wahl kam im Herbst 1972, nach einem sogenannten konstruktiven Mißtrauensvotum, das für die CDU/CSU in die Hose ging, stellte sich heraus, daß Brandt, mindestens vorübergehend, sehr krank war, praktisch nicht greifbar – ich weiß nicht, ob er im Bett lag. Er hat Wehner und mich gebeten, die Vorbereitungen für die Zusammensetzung des zweiten Kabinetts zu treffen, das heißt: Ich war in der Pflicht. Und so bin ich dann geblieben.

War es zu diesem Zeitpunkt für Sie zumindest ersichtlich, daß das Amt des Bundeskanzlers auf Sie zukommen könnte?
Nein, überhaupt nicht, mit dem Gedanken habe ich nie gespielt. Das glaubt zwar keiner, aber es ist trotzdem wahr.

Was hätten Sie denn getan, wenn Sie im Herbst 1972 aus der Politik ausgeschieden wären?
Das war mir nicht ganz klar, aber ich war selbstbewußt, vielleicht eingebildet genug, mir vorzustellen, daß es jemanden geben würde in der Wirtschaft, der mich in den Vorstand seiner Aktiengesellschaft berufen würde.

Hatten Sie Vorgespräche geführt?
Nein. Aber ich glaube nicht, daß ich unrecht hatte mit der Vorstellung, irgendwo eine interessante Tätigkeit außerhalb der Politik zu finden.

Gab es einmal inhaltliche Gründe, politischen Streit oder auch Phasen, in denen gesundheitliche Gründe zu ähnlichen Überlegungen führten?
Gesundheitliche Gründe gab es nicht, aber ich habe, glaube ich, vorhin en passant gesagt, daß ich die Schnauze voll hatte von irgendwelchen Ärgerlichkeiten. Die gibt es natürlich in der Politik immer, aber das war nicht der ausschlaggebende Grund. Der ausschlaggebende Grund war die Vorstellung, du bist jetzt 53 Jahre alt, wenn du überhaupt noch mal etwas anderes machen willst, dann mußt du jetzt raus. Das war der eigentliche Grund.

Nachdem Helmut Kohl 1982 Bundeskanzler geworden war, haben Sie sehr schnell Ihren Verzicht auf eine weitere Kandidatur erklärt ...
Für einen anderen Beruf war es da viel zu spät. Ich war inzwischen einige sechzig Jahre alt. Die Frage des Umsteigens in einen anderen Beruf stellte sich da nicht mehr. Für mich war es ein Glücksfall, daß Gerd Bucerius mich in seinen ZEIT-Verlag geholt hat.

Ein Glücksfall?
Ja. Damit habe ich nicht rechnen können. Wie alt war ich denn da? Beinahe 65 Jahre.

Wenn Sie sagen, daß Sie aus Pflichtgefühl weitergemacht haben, was sagen Sie dann zu Rücktritten der amtierenden Koalition – etwa daß nach drei Monaten der Finanzminister aussteigt?
Also, ich war heilfroh darüber, daß er ausstieg.

Zu spät?
Er hätte da nie hingehört, nach meinem Urteil.

Also doch ein Qualitätsunterschied zwischen den Politikern Ihrer Zeit und denen von heute?
Heute haben wir es mit Politikern zu tun, die ein relativ leichtes Leben hinter sich haben im Vergleich zu Kurt Schumacher oder Thomas Dehler oder Konrad Adenauer. Sie sind etwas unbefangener und vielleicht auch nicht so sehr geprägt von der Last der Verantwortung, die sie tragen. Adenauer oder Schumacher oder später Fritz Erler, die haben

durchaus unter der Last der Verantwortung gelebt; diese Last hat ihnen ständig im Nacken gesessen. Dieses Gefühl habe ich bei manchen der Heutigen nicht.

Aber in dem Moment, wo diese Generation tatsächlich ins Amt gekommen ist, spürte man eine Entwicklung hin zum Pflichtgefühl.

Das können Sie sehr deutlich bei dem gegenwärtigen Bundeskanzler erkennen, er ist gewaltig gewachsen im Laufe dieser drei Jahre; er ist auch schon vorher gewachsen, als er Ministerpräsident war. Sie sehen das übrigens auch bei Eichel, dem Finanzminister, um ein weiteres Beispiel zu nennen. Das gilt aber für die meisten Menschen, und nicht nur für Politiker. Es gibt ein Sprichwort, an dem ein bißchen was dran ist: Wem der Herrgott gibt ein Amt, dem gibt er schließlich auch Verstand. Das heißt, er lernt im Amt. Das gilt im Beruf des Kaufmanns, das gilt im wissenschaftlichen Beruf, das gilt überall ...

Aber nicht für jeden – wie die Politik beweist.

Einige lernen im Amt gar nichts, bleiben oberflächlich, das stimmt. Am gefährlichsten sind die Leute, die oberflächlich und gleichzeitig hochintelligent sind.

Wer wäre das zum Beispiel?

Auf die Beispiele will ich verzichten.

Sehr schade. Zu den Politikern, bei denen man nicht erkennen kann, ob sie mit dem Amt wachsen, gehört wohl Rudolf Scharping. Wäre es früher ein Rücktrittsgrund gewesen, sich mit der Geliebten im Bade fotografieren zu lassen?

Glaube ich nicht, nein, glaube ich nicht. Natürlich haben Politiker auch ihre menschlichen und zum Teil allzu menschlichen Seiten. Ich greife noch mal auf Perikles zurück. Sein Verhältnis zu Aspasia hätte im klassischen Athen ein Skandal sein können, und einige haben ihm daraus ja auch einen Strick drehen wollen: Sie haben seine Geliebte angeklagt. Das ist 2400 und etliche Jahre her. Das gibt es immer, und es ist eine ziemlich schofle Angelegenheit, wenn politische Gegner oder auch die Medien versuchen, jemandem aus einer Liebschaft oder auch nur einer Affäre moralisch einen Strick zu drehen, um ihn abzuqualifizieren. Dann hätten viele ganz große Staatsmänner längst abqualifiziert werden müssen. Bismarck ist einer jungen russischen Fürstin bis nach Biarritz nachgereist, ohne daß jemand gemeint hat, der Mann tauge nicht für sein Amt.

Aber er hat keine Fotos schießen lassen.

Die Fotografie war gerade erst erfunden und noch ziemlich aufwendig. Im übrigen bin ich weder der Verteidiger von Rudolf Scharping noch sein Ankläger. Beispiele für persönliche Verfehlungen gibt es überall. Ich könnte Ihnen Beispiele erzählen aus allen Himmelsrichtungen – aus der Top-Etage großer deutscher Konzerne ...

Aber wenig davon wird ins öffentliche Licht gerückt.
Weil die Medien den Politiker interessanter finden als den Chef einer Firma.

Es gibt mindestens zwei Unterschiede: Der Chef einer Firma geht nicht ins Fernsehen, weil er es scheut; er hat ja auch keine Wahlen zu gewinnen …
Das ist der große Vorteil, den er hat gegenüber dem Politiker.

… und der Chef einer Firma trifft keine politischen Entscheidungen für den Rest der Gesellschaft.
Das stimmt nicht. Der Chef der Deutschen Bank oder der Chef von Daimler-Benz oder der Chef von Siemens – sie üben in Wirklichkeit natürlich in enormem Umfange ökonomische Macht aus und haben damit zwangsläufig Einfluß auf die Politik. Nehmen Sie die heute Usus gewordene Attitüde der Spitzenmanager großer Aktiengesellschaften, die auf der Hauptversammlung oder in einer Pressekonferenz oder in einer Konferenz mit Analysten bekanntgeben, sie hätten in diesem Jahr den und den Gewinn zu erwarten, und gleichzeitig bekanntgeben, sie entlassen 7000 Leute. Mit solchen Äußerungen wird in Wirklichkeit Politik gemacht, denn sie verändern die Stimmung bei den Konsumenten, bei den Arbeitnehmern, das Verhältnis zwischen Arbeitnehmern und Gewerkschaften, Gewerkschaften und Arbeitgebern und so weiter. In erster Linie geht es natürlich um die Börsenkurse. Jemand, der bewußt Börsenkurse manipuliert, macht Politik! Tausende haben in den Jahren bis 1999 mit der von ihnen erzeugten Psychose der New Economy

und der Psychose der Information Technology ganz bewußt Börsenkurse nach oben getrieben. Aktien von Firmen, die in Wirklichkeit gerade erst gegründet waren und überhaupt noch nicht funktionierten, wurden immer höher gehandelt – nämlich durch fabelhafte Analysten, Händler und andere Quatschköpfe.

Niemand ist gezwungen worden, diese Aktien zu kaufen. Das geschah freiwillig.
Richtig, aber das Publikum ist da hineinmanipuliert worden durch die Medien. Ohne die Massenmedien wäre das nicht passiert.

Aber auch nicht ohne die, die ein Interesse daran hatten, daß die Kurse nach oben gingen. Wenn Ron Sommer nicht so aufgetreten wäre und sein Ziel nicht so konsequent verfolgt hätte, hätten die Medien es alleine nicht geschafft, die Aktie der Telekom am Anfang so nach oben zu treiben.
Das stimmt. Sommer ist einer von denen, die ich meine. Ich hätte, von mir aus, mich zurückgehalten mit Namensnennungen, aber er ist einer von denen, die in Wirklichkeit Politik gemacht haben durch öffentliche Auftritte. Die Substanz seiner Arbeit bleibt dahinter leider zurück.

Glauben Sie, daß es für einen jungen Menschen heute attraktiver ist, seine Karriere auf den Posten von Ron Sommer abzustellen als auf den des Bundeskanzlers?
Also ich bewundere sowieso alle Leute, die Bundeskanzler werden wollen. Die sind mir unverständlich. Die wissen nicht, was auf sie zukommt.

Ihr Nachfolger wollte das immer werden.
Ja, der wollte es immer werden. Habe ich auch nicht verstanden.

Warum nicht? Ist das so ein, Entschuldigung, beschissener Job?
Kann man so sagen. Schweres Amt, ja, schweres Amt. Ich habe zum Beispiel miterlebt, wie Willy Brandt unter dem Gewicht des Amtes gelitten hat. Das ist ein schlimmes Amt. Die Last der Verantwortung ist an der Grenze dessen, was man auf die Dauer ertragen kann.

Würden Sie noch mal Bundeskanzler werden wollen?
Nein. Mit Sicherheit nicht.

Die Last der Verantwortung an jedem Tag oder die Summe? Wie würden Sie das beschreiben?
Man spürt sie vielleicht nicht an jedem Tag, aber mindestens jede Woche einmal, wenn nicht mehrfach, und nachts auch. Weil Sie dann nachdenken. Ich kann normalerweise gut schlafen, aber es kann vorkommen, daß man von einem Problem so gedrückt ist, daß man darüber auch noch im Bett nachdenkt.

Mögen Sie ein solches Problem schildern?
Da gab's mehrere in meiner Zeit. Nehmen Sie den RAF-Terrorismus. Das fing an mit dem Mord an dem Berliner Richter Drenkmann. Dann kam die Entführung des Berliner CDU-Politikers Lorenz. Dann kam der Angriff auf die Botschaft in Stock-

holm und danach alles weitere. Jedesmal ist der Kanzler mit der Frage konfrontiert: Was muß ich tun? Es gibt kein Gesetz, das vorschreibt, im Falle der Entführung eines Berliner Politikers mußt du die und die Leute aus dem Gefängnis lassen und sie austauschen. Da muß er entscheiden. Es steht auch nicht im Grundgesetz, was er machen soll, wenn soundso viel Terroristen die Deutsche Botschaft in Stockholm besetzt haben – einen Beamten haben sie schon umgebracht –, und der schwedische Ministerpräsident ruft an: Was soll ich tun? Was soll ihm der Kanzler antworten? Da muß er entscheiden. Und manchmal muß er das schnell entscheiden – und fängt dann an, anschließend nachts darüber nachzudenken: War das richtig? Manchmal hat er Zeit, zum Beispiel während der Entführung von Hanns-Martin Schleyer – die hat Wochen gedauert. Und da ist nirgendwo im Gesetz vorgeschrieben: Sie müssen aber diese Mörder freilassen, damit Schleyer gerettet wird. Das meine ich mit Last der Verantwortung.

Das gilt nicht nur im Fall des Terrorismus, das gilt in der Außenpolitik, das gilt in der Sicherheitspolitik, das gilt auch in der ökonomischen Politik. Ich war Finanzminister, als eine Gewerkschaft des öffentlichen Dienstes eine Lohn- und Gehaltserhöhung um de facto 13 Prozent erreicht hat. Wenn ich Kanzler gewesen wäre zu der Zeit, wäre das nicht passiert, ich hätte das nicht zugelassen. Willy Brandt war zu der Zeit Kanzler, und zuständig war der Innenminister, das war damals Genscher. Es war eine schwere Last. Sie müssen entscheiden: Was ist das geringere Übel, diese riesenhafte finanzwirksame Gehaltserhöhung mit Signalwirkung auf sämtliche Branchen der deutschen Volkswirtschaft, oder das andere Übel, wenn die nun wirklich streiken und wochenlang die Mülltonnen ungeleert auf der Straße stehen bleiben und die Eisenbahn nicht fährt oder die U-Bahn nicht fährt. Da steht auch in keinem Gesetz, was Sie zu tun haben. Es kann auch in keinem Gesetz stehen. Aber Sie müssen es entscheiden. Das sind zwei Beispiele für das, was ich meine mit dem Wort Last der Verantwortung.

Aber man ist doch in die Politik gegangen, um Verantwortung zu tragen?
Ja, sicher, aber die Leute, die in jugendlichem Alter in die Politik gehen, haben noch keine Ahnung von dieser Art von Problemen. Die möchten Karriere machen. Die Last der Verantwortung ergibt sich dann später.

Hatten Sie eine Ahnung davon, wie stark diese Last sein kann, als Sie das Amt des Bundeskanzlers übernommen haben?
Ja. Ich habe das Amt nicht gern übernommen, ich hatte ja Willy Brandts Last der Verantwortung miterlebt. Ich hatte allerdings auch den Fall Kurt Georg Kiesinger miterlebt, ich war damals Fraktionsvorsitzender. Der hat unter der Last nicht gelitten.

Das heißt aber, es gibt auch ein anderes Verständnis von diesem Amt, man muß es nicht so ausfüllen, wie Sie es gemacht haben?
Ja, aber er hat es eben nicht gut gemacht. Wir haben mindestens zwei Kanzler erlebt, die ihre Sache nicht sonderlich gut gemacht haben, der eine war Kiesinger, der andere war Erhard. Erhard war als Wirtschaftsminister in den frühen fünfziger Jahren erstklassig, und als Kanzler drückte er sich.

Und Kohl?
Kohl? Ganz gut – jedenfalls die ersten sieben Jahre ganz gut, normal. Dann hatte er den großen Glücksfall, daß die Sowjetunion zusammenbrach. Er hat, um mit Bismarck zu reden, den Zipfel vom Mantel Gottes zu fassen gekriegt. Sein ganz großes Verdienst: das Zustandebringen der Vereinigung der beiden deutschen Nachkriegsstaaten; das größte Verdienst daran kommt allerdings den Amerikanern zu. Aber anschließend machte er diese Kette von Fehlern bei der ökonomischen Vereinigung. Die neun Jahre der zweiten Hälfte Kohl waren nicht so gut.

Welche Eigenschaften zeichnen denn einen guten Bundeskanzler aus?
Die Frage ist mir ein bißchen zu abstrakt und zu theoretisch. Ich habe Ihnen ein paar Beispiele genannt, so viele Bundeskanzler hatten wir ja bisher gar nicht, ich glaube, sieben.

Waren Sie denn gern Bundeskanzler – trotz der ganzen Verantwortung?
Eigentlich nicht sonderlich gern, nein.

Dafür war es aber doch sehr lange, nicht?
Es waren acht Jahre.

Warum haben Sie es so lange gemacht, wenn es Ihnen so wenig Freude bereitete?
Es klingt ein bißchen großartig, wenn ich sage: aus Pflichtgefühl, aber das war es. Es kommt auch noch eine Abwägung hinzu; denn man muß sich ja überlegen: Wenn ich nein sage, wer macht es dann, wer soll denn an die Stelle treten?

Wer das Amt ernst nimmt, kann wohl auch nicht wirklich ein Privatleben führen?
Das Amt ist eine große Belastung für das Privatleben. Das ist in allen modernen Demokratien gleich. Versuchen Sie, dieselbe Frage in Gedanken an einen französischen oder englischen oder amerikanischen Politiker zu stellen. In Amerika ist es aus geographischen Gründen noch schwieriger, weil Washington an der Ostküste liegt und der Politiker sein Zuhause möglicherweise an der Westküste hat, und da fliegt er also oft hin und her. Bei uns ging es bloß zwischen Bonn und dem Wahlkreis hin und her: Bonn – München ist eine der großen Entfernungen gewesen oder Bonn – Flensburg, aber das war ja nun wirklich nicht sehr weit.

Sie müssen sich freimachen von der Vorstellung, daß die Demokratie schlechtweg etwas Ideales sei.

Demokratie hat viele, viele Schattenseiten und Schwächen und Versuchungen. Und trotzdem hat Churchill recht: Die Demokratie ist die schlechteste aller Regierungsformen – abgesehen von denen, die wir schon vorher ausprobiert haben. Aber ideal in dem Sinne, daß Demokratie eigentlich unfehlbar sei, das zu glauben ist ein schwerer Irrtum. Wenn es an den Schulen so gelehrt wird, dann ist es falsch.

Das heißt aber auch: Wer in die Politik geht, sollte sich und denen, die ihn gern haben, das möglichst klargemacht haben.

Wenn jemand in jungen Jahren in die Politik geht, kann ihm das noch nicht wirklich klar sein. Das merkt er erst später.

Gibt es überhaupt noch die Möglichkeit, später in die Politik zu gehen? Jede Partei kennt eine bestimmte Rekrutierung der Leute, die sogenannte Ochsentour. Kann jemand in der Politik noch etwas werden, ohne die Ochsentour hinter sich gebracht zu haben?

Ich beanstande das Wort »noch«. Das war nie anders. Zu Zeiten des Preußischen Landtages vor 1871 mußten Sie Gutsbesitzer sein und mußten mindestens von Sowieso heißen, möglichst noch mit einem schönen Grafentitel. Oder Sie mußten zu der Clique der Großgrundbesitzer gehören. Dann war es kein Kunststück, in den Preußischen Landtag gewählt zu werden. Wenn Sie aber zu der Zeit für die kleinen Leute, für die Landarbeiter, sorgen wollten, hatten Sie keine Chance. Wenn Sie für die Industriearbeiter sorgen wollten, dann mußten Sie die Ochsentour gehen in der Gewerkschaft oder in der Sozialdemokratischen Partei. Das war immer so. Das ist eine der zwangsläufigen Schattenseiten der Politik. Und nicht nur dort. Machen Sie sich doch nicht vor, daß das an der Universität anders ist, wo Sie sich als Assistent hochdienen müssen. Wenn Sie Glück haben, kriegen Sie neuerdings eine Juniorprofessur, und dann müssen Sie Ihre Verbindungen spielen lassen und einen Haufen überflüssiger Veröffentlichungen in die Welt setzen, damit Sie irgendwann mal ein Ordinariat – wie man früher sagte –, einen Lehrstuhl bekommen. Das ist in vielen Bereichen nicht anders.

Wenn ich jetzt mit, sagen wir, dreißig Jahren plötzlich beschließe: Ich möchte gern in die Politik gehen, ich möchte SPD-Abgeordneter werden, habe ich also keine Chance?
Wahrscheinlich nicht. Ich würde Sie jedenfalls nicht haben wollen, weil Sie unbedingt Politiker werden wollen. Solche Leute möchte ich nicht.

Welche wollen Sie denn?
Ich möchte am liebsten Leute haben, die man sich holt, und nicht Leute, die sich selber anbieten.

Ich möchte noch mal nachhaken: Gerade Sie fordern doch von Politikern immer wieder Vorbildfunktion ein. Ich denke beispielsweise an Ihr Buch über die öffentliche Moral. Gibt es öffentliche Moral, ohne daß man private Moral einfordert, und wo sind da die Grenzen für einen Politiker, der Vorbildfunktion ausüben soll?

Das Buch, das Sie zitieren, heißt »Auf der Suche nach einer *öffentlichen* Moral«, und das ist etwas ganz anderes als die persönliche Moral. Die persönliche Moral eines Politikers muß in Ordnung sein; aber sie ist nicht notwendigerweise gleich in Unordnung, wenn er sich vorübergehend in eine andere Frau verliebt. Das ist vielleicht in den Augen irgendwelcher Moralprediger unerhört – und in den Augen des Ehemanns jener Frau vielleicht auch –, aber so sind die Menschen, und nicht nur die Politiker. So sind sogar manche Bischöfe.

Sie sind also der Meinung, daß man das öffentliche Leben eines Politikers von seinem privaten Leben völlig trennen muß?

Nicht völlig. Er darf auch im Privatleben kein Schweinehund sein.

Und wenn doch? Wenn er ein hervorragender Politiker ist, aber privat ein Schweinehund, was ist dann?

Dann ist er jedenfalls nicht einer, den ich wählen würde.

Sie verlangen also von einem Politiker, daß er sich im öffentlichen Raum tugendhaft verhält, und privat reicht es als Kriterium aus, daß er kein Schweinehund ist? Diese Trennung würden Sie so machen?

Ja. Allerdings ist eine Grenzziehung zwischen öffentlicher und privater Moral nicht immer so leicht. Wir sprachen über Adenauer, und da erinnere ich mich im Zusammenhang mit der Wehrgesetzgebung an eine böse Geschichte. Es gab in den fünfziger Jahren die Dienststelle Blank, das war der Nukleus, der Kern der später aufzubauenden Bundeswehr. Das Ganze geschah etwas überstürzt, etwas leichtfertig, überstürzt auch unter dem Druck der Amerikaner. Und es lief Gefahr, in gewisser Weise eine Wiederholung der Wehrmacht zu werden. Es gab aber in der Politik eine Reihe von Leuten, die die Wehrmacht von innen kannten, weil sie als Wehrpflichtsoldaten gedient hatten oder auch Berufsoffiziere gewesen waren. Die gab es in allen Parteien – bei uns Sozis auch. Und die taten sich zusammen in dem damaligen Verteidigungsausschuß des Bundestages – der hieß damals, glaube ich, noch Sicherheitsausschuß – und sagten: Das lassen wir uns nicht gefallen. Wir ändern das Grundgesetz, wir wollen nicht, daß der Bundeskanzler der Oberbefehlshaber der Bundeswehr wird. Das hätte praktisch bedeutet, daß er irgendeinem General den wirklichen Oberbefehl überlassen hätte, wie wir das erlebt haben in den Zeiten von Weimar, wo Hans von Seeckt der eigentliche Chef war. Das wollen wir nicht wieder haben, und wir wollen auch den Kasernenhofdrill nicht wieder haben mit dreißig Kniebeugen und vierzig Liegestützen. All diesen Unsinn wollen wir nicht.

Adenauer empfand das als Opposition gegen sein Vorhaben. Das war es auch. Nicht, daß wir vorhatten, den Aufbau von Streitkräften insgesamt zu verhindern, sondern wir wollten die Streitkräfte einbauen in das Verfassungsgefüge. Dazu mußten wir das Grundgesetz ändern, haben eine Reihe von Gesetzen gemacht – auch zum Beispiel, was die Auswahl zukünftiger Offiziere anging – und haben dafür eine Mehrheit, eine grundgesetzändernde, qualifizierte Mehrheit im Bundestag gefunden. Adenauer war sehr wütend – und hat sich gegenüber einem der Beteiligten nicht gut benommen. Ich war dabei, als er zu ihm gesagt hat, so daß alle, die drumherum standen, es gut hören konnten: »Sagen Sie mal, Herr NN, was sagt eigentlich Ihre Frau dazu, daß Sie hier in Bonn ein Verhältnis haben?« Ob es gestimmt hat, weiß ich nicht, und moralisch können Sie das beurteilen, wie immer Sie wollen. Aber was der betreffende Kollege in der Politik machte, war absolut in Ordnung, seine öffentliche Moral – sein Einsatz für öffentliche Angelegenheiten, können Sie auch sagen – war absolut in Ordnung. Adenauers Boshaftigkeit hingegen war unmoralisch. Das heißt nicht, daß Adenauer ein Schwein war, auch ein großer Mann kann mal aus der Rolle fallen, aber das war ein eindeutig unmoralischer Akt des Bundeskanzlers. Ich benutze dieses Beispiel, um die Verschränkung von privater und öffentlicher Moral ein bißchen zu beleuchten.

Vor zwanzig Jahren, am Ende der sozialliberalen Koalition, hat Helmut Kohl lautstark die Forderung nach einer »geistig-moralischen Wende« erhoben. Sie haben das damals belächelt.

In der Tat, über diese Forderung des – hinsichtlich seiner geistig-moralischen Führung weit herausragenden – Oppositionsführers Helmut Kohl habe ich damals so meine Witze gemacht. Bei einem Gespräch mit Kohl zwanzig Jahre später habe ich aber zu ihm gesagt: Wissen Sie, wir haben damals beide ein bißchen übertrieben. Kohls Antwort: Auf dieser Basis können wir uns einigen. Zwangsläufig geht von einem Regierungschef oder Staatspräsidenten oder auch nur von einem Oberbürgermeister auch so etwas wie geistige Führung aus. In gewisser Weise moralische Führung auch. Es muß zum Beispiel für jedermann ganz deutlich sein, daß er nicht käuflich ist. Aber die moralische Vorbildfunktion möchte ich auf keinen Fall übertreiben. Entscheidend ist, daß einer politisch anständig arbeitet. Und über genügend Urteilskraft verfügt.

Vielleicht ist der Begriff Moral in der Politik schwierig. Vielleicht sollte man besser nach dem Politikstil fragen. Kennzeichen Ihrer Kanzlerschaft waren Tugenden wie Sparsamkeit, Bescheidenheit, Ordnung, Fleiß und andere sogenannte Sekundärtugenden. Sie haben daraus einen Stil gemacht, und das hat dem Bürger ein Gefühl der Sicherheit gegeben, bei jemandem gut aufgehoben zu sein, der diese Dinge auch im privaten Leben umsetzt.

Ich bin nicht ganz sicher, ob Sie recht haben. Ich habe jedenfalls öffentlich, damals im Amt befindlich, nicht den Moralprediger gemacht. Ein Wort hat mir übrigens gefehlt bei den Tugenden, die Sie aufgezählt haben, das ist Verantwortungsbewußtsein. Kant hat statt dessen von Pflichten geredet, Verantwortung und Pflichtbewußtsein meint aber in Wirklichkeit dasselbe. Kürzlich habe ich eine programmatische Rede von Frau Merkel gelesen, da spricht sie von den Grundwerten der Freiheit, der Gerechtigkeit und der Solidarität. Ihr ist es vielleicht gar nicht bewußt gewesen, daß das die Grundwerte des berühmten Godesberger Programms der Sozialdemokratie von 1959 waren. Mir hat auch bei diesen drei Grundwerten immer die Verantwortung gefehlt. Das Prinzip der Verantwortung ist eine wichtige Sache. Auch die Wählerschaft oder das Publikum muß spüren können, daß sich derjenige, der da etwas tut oder etwas sagt oder etwas entscheidet, der Verantwortung bewußt ist – auch für die Folgen, die sich daraus ergeben. Übrigens ist er auch verantwortlich für die Nebenfolgen, die er gar nicht beabsichtigt hat, die aber gleichwohl eintreten. Also nicht nur verantwortlich für die großen Ziele, die er sich setzt. Wir haben ja massenhaft politische Schwärmer erlebt, insbesondere nach 1968, die sich ihrer Verantwortung für die Folgen nicht bewußt waren.

Sie haben Kant zitiert. Hätten Sie nicht auch Max Weber zitieren können, der in seiner berühmten Rede »Politik als Beruf« 1919 die Frage stellte: »Was für ein Mensch muß man sein, um seine Hand in die Speichen des Rades der Geschichte legen zu dürfen?«

Weber hat drei Qualitäten von einem Politiker verlangt: Leidenschaft, Verantwortungsgefühl, Augenmaß. Dabei fehlen mir Zuverlässigkeit und Stetigkeit.

All das sind Begriffe, die im Medienzeitalter nur schwer zu vermitteln sein dürften.

Die Medien haben die Politik wesentlich verändert. Mit dem Radio fing es an. Dieses neue Medium haben zwei Leute in glänzender Manier für ihre politischen Zwecke benutzt: Der eine war Adolf Nazi. Und der andere war Franklin D. Roosevelt mit seinen *fireside chats*. Aber Roosevelt hat damals eine halbe Stunde lang geredet, kontinuierlich, langsam, so daß er die Leute überzeugen konnte. Der bekam nicht so 'ne Flüstertüte vor die Nase gehalten mit der Aufforderung: »Sagen Sie mal, was das Wort Moral bedeutet, und zwar in zwei Sätzen.«

Heutzutage spielt die Sympathie des Publikums noch eine unendlich viel größere Rolle. Das Fernsehen ist ein Medium, das davon lebt, daß die Leute einschalten, daß sie sehen und hören wollen, was da im Fernsehen vorgeführt wird. Und das gilt genauso für die Politiker, die im Fernsehen auftreten: Sie wollen eingeschaltet werden. Das Fernsehen ist für die Politiker eine Verleitung nicht nur zur Oberflächlichkeit, sondern es macht sie auch sympathiesüchtig. Sie streben danach, sich dem Publikum sympathisch zu machen. Das ist eine der Schattenseiten der Demokratie. Demokratie heißt, die Politiker werden vom Volk gewählt; und wen das Volk nicht will, den wählt es nicht. Durch das Fernsehen ist die Versuchung zum Opportunismus sehr viel stärker noch geworden, als sie ohnehin ist. In der Demokratie werden Sie nämlich nur gewählt, wenn Sie sich ausreichend angenehm gemacht haben. Das ist ein Satz zum An-die-Wand-Hängen. Nehmen Sie etwa das Beispiel des früheren Präsidenten Clinton, der in seinen letzten Amtsmonaten bei einer Tagung der Welthandelsorganisation WTO in Seattle – einer Organisation, die wesentlich von Amerika beherrscht wird – hingeht und für das Fernsehpublikum mit der Opposition gegen die WTO sympathisiert. Er ist der Verleitung erlegen – ein schlimmes Beispiel.

Wird durch das Medium Fernsehen der Gesetzgebungs- und Regierungsprozeß einer Demokratie erschwert? Ist durch die Schnelligkeit dieses Mediums die Gefahr gegeben, daß gleichsam am Parlament vorbei politische Meinungsbildungsprozesse präjudiziert werden?

Also, mir wird das jetzt ein bißchen zu theoretisch. Nicht richtig finde ich die Vorstellung, daß der Gesetzgebungsprozeß durch dieses Medium beeinflußt wird. Was beeinflußt wird, sind die politischen Grundstimmungen in der Gesellschaft und die Wahl und Auswahl der Politiker. Der Gesetzgebungsprozeß hinterher ist weitgehend unabhängig von diesen

Einflüssen. Aber gegen die Grundstimmung – nehmen wir die Grundstimmung der amerikanischen Gesellschaft nach dem Attentat am 11. September in New York –, gegen diese Grundstimmung »das lassen wir uns nicht gefallen« könnte kein Politiker regieren, auch wenn er die Macht dazu hätte. Diese Grundstimmung spielt eine entscheidende Rolle, und geprägt wird sie von den elektronischen Massenmedien.

Welche Möglichkeiten gibt es für einen Politiker, sich dem Fernsehen zu entziehen?
Ich glaube nicht, daß ein in herausgehobener Position tätiger Politiker, sei es in der Opposition, sei es an der Spitze eines Ministeriums, sich heutzutage den Medien und dem Fernsehen ganz entziehen kann. Aber er kann sich rar machen, er kann sich selten machen. Er muß nicht in jede Talk-Show gehen, er muß überhaupt nicht in eine Talk-Show gehen. Ich bin in meinem ganzen Leben als aktiver Politiker niemals in eine Talk-Show gegangen.

Sie waren bei Günter Gaus!
Das war keine Talk-Show, das war ein Gespräch zu zweit.

Und Gaus war gut.
Der Gaus war in seinen damaligen Sendungen zur Person ganz hervorragend! Aber die fallen bei mir nicht unter das Thema Talk-Show. Wenn ich sage Talk-Show, dann meine ich, da sitzen vier, fünf Leute um den Tisch, und einer ist der Talkmaster

und der redet am meisten, und die anderen kommen jeweils maximal zwei Minuten zu Wort; und der Talkmaster muß dafür sorgen, daß jeder zu Wort kommt. Infolgedessen weiß jeder schon beim nächsten Mal, ich habe nur zwei Minuten. Was kann er in zwei Minuten sagen? Oberflächlichkeiten.

Sie haben einmal gestanden, das Fernsehen habe Ihnen in Ihrer Kanzlerschaft politisch gutgetan. In welcher Hinsicht hat es Ihnen gutgetan?
Das Fernsehen hat mir eine hohe persönliche Akzeptanz durch das Publikum beschert. Das abzustreiten, wäre töricht. Trotzdem bleibe ich bei meinem Urteil, daß das Fernsehen für die Politik eine Verleitung zur Oberflächlichkeit ist.

Reden Sie anders, wenn eine Kamera hier steht oder wenn ein Mikrophon auf dem Tisch ist?
Nein. Ich rede ja hier nicht zu einer großen Zahl von Menschen, sondern nur zu Ihnen. Aber wenn man zu einer größeren Zahl von Menschen redet, sagen wir in einem Parlamentssaal voller Abgeordneter oder in einer großen Halle, dann redet man sicherlich anders als in einem Privatgespräch. Zum Beispiel redet man langsamer, ich jedenfalls, damit die Zuhörer auch mitkommen.

Haben Sie Ihre Auftritte manchmal bewußt inszeniert?
Eigentlich nicht, aber sicherlich habe ich im Laufe des Lebens gelernt, publikumswirksam zu reden. Das lernt man allerdings auch ohne das Fernsehen.

Manchmal müssen Sie Ihre Empörung für das Publikum inszenieren, ob mit oder ohne Fernsehen.

Warum und in welchen Fällen?
Zum Beispiel, um jemanden davon zu überzeugen, daß er gefälligst auch empört sein soll.

Wir haben mit dem 11. September eine Katastrophe erlebt. Ist das Katastrophe genug, um neues Verantwortungsbewußtsein zu schaffen?
Fremdes Elend zu erleben – wie im Fernsehen die Katastrophe der beiden Türme im Süden Manhattans –, ist eine andere Sache als selber eine Katastrophe durchleben und überleben zu müssen. Nehmen Sie die Leute, die das Konzentrationslager überlebt haben oder die an der Front überlebt haben, draußen, oder die die Kriegsgefangenschaft überlebt haben oder die in den Kellern von Dresden oder Hamburg überlebt haben – Katastrophen, in denen gleichzeitig zigtausende Menschen vom Leben zu Tode gebracht wurden: Das ist etwas anderes als im Fernsehen mitzuerleben, wie weit weg in Amerika, jenseits des Atlantik, eine solche Katastrophe stattfindet. Die heutige Politikergeneration in der ganzen westlichen Welt hat nicht entfernt ähnliche katastrophale Abschnitte durchleben müssen wie die Politikergeneration der Adenauer, Schumacher, Dehler oder Jean Monnet oder Robert Schumann oder Churchill.

Sie müssen aber Entscheidungen treffen, die ein Attentat wie das auf die Türme möglichst verhindern ...
Sie können solche Katastrophen wie die Anschläge gegen das World Trade Center nicht vorbeugend ausschließen.

1993 gab es den ersten Anschlag muslimischer Extremisten auf das World Trade Center. Hätte man das nicht ernster nehmen müssen?
Wir haben auch in Deutschland, in einem ganz anderen Maßstab, Terrorismus erlebt, der sich über eine Reihe von Jahren erstreckt hat. Wir haben die Terroristen sehr konsequent verfolgt, und trotzdem konnten wir nicht ausschließen, daß noch bis gegen das Ende der achtziger Jahre, auch noch während der Regierungszeit von Helmut Kohl, terroristische Akte in Deutschland ausgeführt wurden. Ich denke an Herrhausen zum Beispiel. Das zeigt, daß Sie letzten Endes nicht ausschließen können, bei aller Vorsorge, daß Katastrophen eintreten. Jedermann kannte die Maul- und Klauenseuche seit Generationen, und trotzdem brach diese Epidemie vor einiger Zeit in England und in einigen Teilen Europas wieder aus. Das gleiche gilt für Terrorismus. Sie können ihn nicht ausschließen.

Terrorismus ist eine Seuche?
Eine psychische Seuche, ja.

Ist dieser 11. September so einschneidend, wie er beschrieben wurde?

Ich glaube nicht, daß er für die Welt schon so einschneidend ist. Aber er hat manche Erkenntnisse ins Bewußtsein gehoben, die man vielleicht hätte vorher haben können. Eine der Erkenntnisse der Europäer ist, daß die Amerikaner, die nun versuchen, weit überwiegend mit militärischen, aber zum Teil auch mit diplomatischen Mitteln, diese Seuche des internationalen Terrorismus zu bekämpfen, von dem Verteidigungsbündnis der NATO praktisch überhaupt keinen Gebrauch machen. Die armen Europäer sind ganz traurig darüber, daß sie eigentlich nicht wirklich gebraucht werden. Das gilt für den NATO-Generalsekretär, das gilt für Tony Blair an der Spitze der englischen Regierung, gilt für die deutsche Regierung, gilt für die französische Regierung, die sind alle ganz traurig. Jetzt begreifen sie zum ersten Mal: Die NATO war gut und notwendig gegenüber der sowjetischen Bedrohung, aber dies ist jetzt eine ganz andere Bedrohung, und dazu brauche ich nicht ein riesenhaftes Militärbündnis. Das begreifen sie jetzt. Sie sträuben sich noch gegen die Einsicht.

Wir haben am 12. September miteinander geredet. Ich habe Sie gefragt, ob Sie damit rechnen, daß die NATO den Bündnisfall feststellen könnte. Sie haben gesagt, das sei abwegig, weil noch nicht nachgewiesen sei, daß ein Staat der Angreifer ist. Eine halbe Stunde später wurde der Bündnisfall festgestellt. Hat Sie das überrascht?

Nein, überrascht hat es mich nicht, aber es hat in Wirklichkeit nichts bewirkt.

War es denn falsch?
Es war nicht falsch, es war auch nicht notwendig.

Wenn es nicht notwendig ist, muß man es nicht tun.
Sie haben es aber getan ...

... und damit etwas in Gang gesetzt ...
Sie haben damit was in Gang gesetzt?

Einen Mechanismus.
Welchen Mechanismus?

Wo ein Bündnisfall festgestellt wird, kann das irgendwann einmal zu einem Verteidigungsfall führen, in den man als NATO-Partner dann involviert ist.
Also bisher ist diese Feststellung ohne Konsequenz geblieben, und die diplomatische Hilfe, die die Amerikaner bekommen haben von den Engländern, von den Franzosen, von den Deutschen, auch die militärischen Bereitstellungen, hätten dieses Beschlusses nicht bedurft.

Also war es falsch.
Es war nicht falsch, es war nicht notwendig.

Überflüssig.
Es hat nichts geschadet.

Gerhard Schröder und Joschka Fischer haben mehrfach gesagt: Wir haben das Vorgehen der Amerikaner nicht zu kritisieren. Ist das richtig?
Zu dem Zeitpunkt, wo es gesagt wurde – das liegt ja einige Zeit zurück –, war es richtig. Es kann sich aber nicht auf alle Zukunft beziehen. Es hat sich damals bezogen auf das Verhalten der Amerikaner unmittelbar nach dem 11. September. Natürlich wird man auch in Zukunft nicht darauf verzichten können, in der einen oder anderen Weise die amerikanische Politik zu beeinflussen. Insbesondere wenn und soweit europäische Interessen berührt sind oder gar auf dem Spiel stehen.

Stehen im Afghanistankrieg denn nicht europäische Interessen auf dem Spiel?
Die Ausschaltung einer verbrecherisch gewalttätigen transnationalen Terrororganisation liegt durchaus auch in unserem Interesse.

Sie waren 1973 in den USA und haben Kritik an Nixons Vietnampolitik geübt. Warum ist es heute jemandem wie Fischer oder Schröder nicht möglich, so selbstbewußt aufzutreten?
Ich würde den Vietnamkrieg nicht in Parallele setzen zu dem Afghanistankrieg. Der Vietnamkrieg war sicherlich im Prinzip ein Irrtum und ist aus Festhalten am Prinzip in eine Tragödie unglaublichen Ausmaßes hineingesteigert worden. Das Prinzip, bin Laden in dem Land, in dem er Unterschlupf gefunden hat, zu bekämpfen, ist nicht prinzipiell falsch. Was sich daraus noch entwickeln mag, weiß

ich nicht. Meine Sorge ist nicht so sehr, was im Augenblick geschieht, sondern das, was sich möglicherweise daraus weiterhin entwickeln kann. Nehmen wir an, daß es Anhaltspunkte dafür gibt, daß ein Teil der Terroristen in anderen Ländern in Zentralasien oder im Mittleren Osten Unterschlupf gefunden hat, dann kann sich aus dem Präjudiz Afghanistan die Idee entwickeln, jetzt müssen wir in diesen Staaten auch mit militärischen Mitteln eingreifen. Und davor habe ich allerdings Sorge.

Wie groß schätzen Sie die Wahrscheinlichkeit ein, daß es passieren wird?
Da möchte ich lieber vorsichtig sein und keine Wahrscheinlichkeitsprozentsätze nennen, aber ich will deutlich sagen: Es scheint mir leider nicht ausgeschlossen.

Die Bereitstellung deutscher Soldaten im Bündnis war die schwerste Regierungskrise, die die rotgrüne Koalition bisher zu bestehen hatte, und nur durch die Vertrauensfrage eindeutig zu klären. Wenn Sie das Kontingent der bereitgestellten Soldaten sehen und die aktuelle Situation betrachten, war es dann gerechtfertigt, daß so eine Krise innerhalb der Koalition ausgelöst wurde?
Sie haben mit dem letzten Satz recht: Es war eine Koalitionskrise. Nicht mit dem ersten Satz: Es war keine Regierungskrise.

Nun gut, wenn eine Koalition zerbricht ...
Es war eine Koalitionskrise. Es hat sich ein bißchen so entwickelt wegen des unglücklichen außenpoliti-

schen Scheingegensatzes zwischen der Opposition und der Regierung. In Wirklichkeit war ja eine große Mehrheit des Bundestages positiv gestimmt, was die Unterstützung der amerikanischen Strategie angeht. Aber die einen haben die Regierung nicht recht unterstützen wollen, und die anderen wußten nicht, ob sie es wirklich tun sollten. So hat das dann den Bundeskanzler zur Vertrauensfrage geführt. Auf die Dauer wäre es gesünder, wenn es in Grundfragen der Gesamtstrategie – ich rede jetzt von der Strategie, welche die Außenpolitik, die Diplomatie und das Militärische einschließt – über die Scheidelinie zwischen Regierungsfraktionen und Oppositionsfraktionen im Parlament hinweg einen Konsens gäbe.

Es gab ja diesen Konsens. Bevor Schröder die Frage der Entsendung mit der Vertrauensfrage verbunden hat, war ja die gesamte Opposition bis auf die PDS bereit, dem zuzustimmen. Er hat Sie konsultiert vor diesem Gang in den Bundestag. Haben Sie ihm geraten, die Vertrauensfrage zu verbinden mit ...
Ich wäre sehr indiskret, wenn ich Ihre Frage beantworten würde.

Dann geben Sie mir nur einen Eindruck davon, wie Ihr Gespräch war.
Der Bundeskanzler ging mit dem Gedanken der Vertrauensfrage schwanger, aber er war noch nicht entschieden. Mehr kann ich nicht sagen.

Na, anscheinend haben Sie ihn nicht abgehalten.
Sie werden mich auch durch drei oder vier Zusatzfragen nicht zum Indiscretin machen.

Kann man Sie ärgern mit solchen Nachfragen?
Nein, ärgern nicht, aber Sie verschwenden Ihre Zeit.

Ich lese in Ihrem Gesicht, und nach dem zu urteilen, was ich darin erkennen kann, wäre es schon interessant gewesen, zu hören, welche Erfahrungswerte Sie ihm – jedenfalls aus der Situation, wo Sie die Vertrauensfrage gestellt haben – mitgegeben haben.
Ich habe das gesagt, was inzwischen alle Kommentatoren in den Zeitungen mehr oder minder ähnlich en passant auch festgestellt haben. Es hat bisher dreimal die Vertrauensfrage gegeben in der Geschichte der Bundesrepublik in einem halben Jahrhundert. Es gibt Staaten, da kommt das alle paar Jahre vor! Aber in Deutschland ist es nur dreimal der Fall gewesen. In zwei Fällen – nämlich im September 1972 durch Willy Brandt und im Dezember 1982 durch Helmut Kohl – ist die Vertrauensfrage durch den Kanzler gestellt worden in der Absicht, sie nicht bejaht zu bekommen, und dahinter stand die Absicht, anschließend zum Bundespräsidenten zu marschieren und ihn zu ersuchen, den Bundestag aufzulösen. Was übrigens dessen Entscheidung ist – es ist eine der ganz wenigen Entscheidungen, die der Bundespräsident völlig frei treffen kann. Und das dritte Mal – das war ich im Frühjahr 1982 – wurde sie gestellt in der Absicht, sie bejaht zu bekommen, um auf diese Weise die damalige Koalition ein biß-

chen zu festigen, was nicht wirklich gelungen ist. Ich habe also Herrn Schröder das vorgestellt und habe ihn gefragt: Was ist deine Absicht mit der Koalitionsfrage, willst du sie bejaht oder verneint haben? Es sprach manches dafür, für möglich zu halten, daß er sie ganz gerne verneint gehabt hätte. Dann hätte er zu Johannes Rau gehen und sagen können: Herr Bundespräsident, ich wäre Ihnen verbunden, wenn Sie den Bundestag auflösen würden. Dann hätte er Anfang Februar 2002 Neuwahlen gehabt, und seine Wahlchancen wären nicht ganz schlecht gewesen. Aber er hat sie dann tatsächlich in anderer Absicht gestellt.

Das zumindest wissen wir jetzt.
Ja.

Müssen junge deutsche Männer und Frauen mittlerweile damit rechnen, irgendwann einmal als Soldaten in einem Krieg eingesetzt zu werden?
Berufssoldaten müssen immer damit rechnen. Wir haben in Deutschland Wehrpflicht (übrigens komischerweise nur für Männer, nicht für Frauen, wie zum Beispiel in Israel, einem anderen Wehrpflichtland). Wehrpflichtsoldaten müssen wissen, daß sie im Verteidigungsfall als Soldaten gebraucht werden. Es ist ganz unwahrscheinlich, daß jemand im Laufe der näheren Zukunft die Bundesrepublik Deutschland angreift, aber es kann durchaus sein, daß einer unserer Verbündeten angegriffen wird. Dann tritt der Bündnisfall ein, und dann gilt die Verpflichtung aus dem Nordatlantik-Vertrag. Die

sagt aber nicht, daß ein Bündnispartner in den Krieg ziehen muß; die Pflicht aus dem Nordatlantik-Vertrag sagt nur, er soll den Angriff auf den anderen Bündnispartner so auffassen, als ob er gegen ihn gerichtet sei. Das heißt, die Regierung oder das Parlament der Bündnispartnerstaaten haben eine erhebliche Freiheit zu handeln oder nicht zu handeln. Gegenwärtig sind deutsche Soldaten nicht im Kriegseinsatz – entgegen all dem Geschrei in den Medien.

Wie hätten Sie als Verantwortlicher über das Eingreifen der NATO im Kosovo entschieden?

Wahrscheinlich anders. Ich bin kein Pazifist und werde auch im Leben kein Pazifist mehr werden – aber von dieser militärischen Intervention hätte ich abgeraten. Denn im Gegensatz zu den Amerikanern, die diese Aktion angefangen haben, besitze ich einigermaßen ausreichende Kenntnisse über die Geschichte der balkanischen Völker – und damit meine ich nicht nur die Jahre seit Tito, sondern die letzten 500 Jahre seit dem Vormarsch des Osmanischen Reiches, dessen Truppen zweimal bis vor die Tore Wiens gelangt sind. Ob ich mich auch im Ergebnis hätte widersetzen können, weiß ich nicht. Das hängt in solcher Lage davon ab, wie die Mitspieler – die Engländer, die Franzosen und andere – reagieren. In jedem Falle habe ich das Ganze für nicht zu Ende gedacht gehalten. Wer meint, aus menschenrechtlichen Gründen eingreifen zu sollen, der muß sich darüber klar sein, was er kann und was er nicht kann. In Tschetschenien sind über

100 000 Menschen zu Tode gebracht worden – aber in Washington hat keiner verlangt einzugreifen. In Ruanda und Burundi sind 900 000 Menschen umgebracht worden – keiner hat daran gedacht, einzugreifen. Das heißt: Eingegriffen wird, wenn es möglich erscheint oder opportun, im eigenen Interesse. Gegen eine Weltmacht eingreifen? Lieber nicht.

Die Intervention im Kosovo war ein eindeutiger Verstoß gegen die Satzung der Vereinten Nationen. Sie war darüber hinaus ein Verstoß gegen den Zwei-plus-Vier-Vertrag, den die frei gewählte Volkskammer und der frei gewählte Deutsche Bundestag ratifiziert haben. Darin steht, daß die deutschen Streitkräfte nach der Vereinigung nur in Übereinstimmung mit der Charta der Vereinten Nationen eingesetzt werden. All das ist in der Aufregung des April 1999 unter den Tisch gewischt worden.

Ich würde die Begriffe Pflichtbewußtsein und Gemeinwohlorientierung gern noch einmal etwas ausführlicher diskutieren. Wenn ich Sie recht verstanden habe, lief in Ihrer politischen Karriere alles immer mehr oder weniger von selbst auf Sie zu, und aus Pflichtgefühl haben Sie dann das jeweilige Amt übernommen.
Nein. Vieles hat mir auch Spaß gemacht.

Was genau hat Ihnen Spaß gemacht?
Zu lernen und zu diskutieren. Als der Adolf Nazi ans Ruder kam, war ich 14 Jahre alt. Ich habe in den 14 Jahren bis zum Jahre 1933 nie das Wort Demokratie auch nur einmal gehört. Und die nächsten

zwölf Jahre habe ich nur Negatives darüber gehört. Ich habe gewußt, das stimmt alles nicht, was die Nazis sagen, aber was Demokratie wirklich ist, und was sie sein kann, ihre Schwächen und ihre Stärken, davon hatte ich keine Ahnung. Auch wie Wirtschaft funktioniert, konnte man in der Nazizeit nicht lernen. Wie Gerechtigkeit hergestellt wird, konnte man in der Nazizeit nicht lernen. Als wir aus dem Krieg nach Hause kamen, wußten wir nur, das darf nie wieder kommen, aber was statt dessen kommen sollte, das mußten wir erst lernen.

Aber Sie wußten, daß Sie an dem, was kam, teilhaben wollten.
Ich habe mir Teilhaben nicht im Sinne eines Politikerlebens vorgestellt.

In welchem Sinne denn?
Ich habe Volkswirtschaft studiert wie Herr Vehrkamp, aus einem sehr banalen Grund. Ich hätte eigentlich ganz etwas anderes werden wollen, Architekt und Städteplaner. Aber das war nach dem Krieg, jedenfalls in Hamburg, nicht möglich, denn nach meiner Vorstellung mußte man für einen solchen Berufsweg nicht nur an einer Technischen Hochschule studieren, sondern an einem Ort, wo es auch eine Kunstakademie gab, also in München oder Wien, und das war nach 1945 für mich undenkbar. Außerdem hätte ich mich schon wieder von meiner Frau trennen müssen. Wir waren ja glücklich, daß wir wieder zusammen waren. Also habe ich mir das Studium ausgesucht, das hinsicht-

lich des Zeitaufwandes das billigste war, und das war Volkswirtschaft.

Als Sie 1953 in den Bundestag gingen, haben Sie und Ihre Frau die Trennung dann doch akzeptieren müssen.
Wir haben beide gedacht, das ist für vier Jahre, das kann man aushalten.

Für mich klingt das alles nicht ganz glaubwürdig. Sie sind doch mit Ehrgeiz und mit Zielen in den Bundestag gegangen und nicht mit dem Gedanken, ich mache da mal vier Jahre einen Ausflug, mal sehen, was daraus wird. Also, in das Bild, das ich von Ihnen habe, würde das jedenfalls nicht so richtig hineinpassen.
Da haben Sie vielleicht nicht das richtige Bild. Neugierde war das wichtigste Motiv im Frühjahr 1953. Daß man dann in Bonn sehr schnell merkte, daß da dicke Aufgaben zu bewältigen waren, für die man sich engagieren konnte, das hat sich zwangsläufig ergeben.

Wenn Sie heute über Ihre politische Tätigkeit reden, dann stehen Begriffe wie Pflicht und Verantwortung immer sehr stark im Vordergrund. Die Faszination der Macht ist Ihnen offensichtlich fremd?
Ich habe nichts dagegen, wenn Sie mir Pflicht und Verantwortung als Etikett aufkleben. Aber sicherlich war mir nicht in die Wiege gelegt, ein pflichtbewußter und verantwortungsbewußter Mensch zu werden. Das wird man durch die Erziehung, die man genießt, durch die Umwelt und durch die Aufgaben, vor die man gestellt wird.

Meine Diplomarbeit – heute würde man sagen Master's Thesis – habe ich übrigens über das Thema »Vergleich der Währungsreform in Japan 1946 und der Währungsreform in Deutschland 1948« geschrieben. Das Thema hatte ich aus dem Hut gezogen, ich hatte es mir nicht gewählt. Man durfte zwei Themen aus dem Hut ziehen, für eines mußte man sich entscheiden. Aber als ich mich zwei Tage später daransetzte, merkte ich, daß es über Japan überhaupt keine Informationen gab, nichts. Man mußte nach Amerika schreiben und um Hilfe bitten und bekam schließlich nach Wochen drei Aufsätze aus einer amerikanischen Zeitschrift in die Hand; man hatte aber nur sechs Wochen Zeit für die Arbeit. Ich habe dann geschrieben, daß die japanische Währungsreform in die Hose gegangen ist und die deutsche funktioniert hat; aus den und den Gründen sei es in Japan schiefgegangen, aus den und den Gründen sei es bei uns richtig gegangen. Sehr viel später, in den achtziger Jahren, habe ich mit einem japanischen Freund darüber einige freundschaftliche Auseinandersetzungen geführt. Das war Takeo Fukuda, in den siebziger Jahren Premierminister, ein Stück älter als ich, nun schon lange tot. Er war nach dem Krieg im japanischen Finanzministerium gewesen und mitverantwortlich für die erste japanische Währungsreform. Er konnte, verdammt noch mal, nicht zugeben, daß sie schiefgegangen war. Die Japaner haben später eine zweite Währungsreform gebraucht, und die hat dann funktioniert, weil es inzwischen den Marshall-Plan gab. Den hatte es 1946 nicht gegeben, und deswegen war es schiefgegangen. In Deutschland hätte es ohne den Marshall-Plan auch nicht funktioniert.

Die Frage war eigentlich eine andere. Aber ich verstehe die Antwort wohl richtig, wenn ich daraus schließe, daß ein Politiker einen Teil dessen, was er tut, für sich tut – nicht um weiterzukommen, sondern um da hinzukommen, wo er weiter reichende Entscheidungen treffen kann –, und einen Teil tut er für die anderen; das nennt man dann die Sachfragen. Ich erlaube mir, daran zu zweifeln, daß es bei Ihnen immer nur um die Sache und niemals um Ihre eigene Person ging, um die eigene Karriere und das Weiterkommen.
Ich will Ihnen Ihre Zweifel ruhig lassen. Natürlich geht es nicht allein um die Sache, es geht auch um Selbstbehauptung. Aber nicht notwendigerweise um Karriere und darum, weiterzukommen, das nicht, jedenfalls bei mir nicht.

Macht denn Selbstbehauptung Spaß?
Ja. Ich jedenfalls mag nicht gern verlieren. Gegen meine Frau im Schach ja, da freue ich mich, wenn sie gewinnt, aber sonst nicht so gern. Wenn Sie Mitglied des HSV sind, sind Sie auch froh, wenn die Mannschaft gewonnen hat. Keiner mag gern verlieren, jeder möchte gern gewinnen, das ist menschlich. Oder mag einer von euch gern verlieren?

Statt Selbstbehauptung kann man auch an das etwas altmodische Wort Tapferkeit denken. Dazu können Sie sich oder andere teilweise erziehen, aber zum Teil ist sie Ihnen vom lieben Gott in den Genen mitgegeben. Aus einem Feigling kann man keinen tapferen Menschen machen. Tapferkeit heißt vor allem auch: tapfer sein gegen sich selbst. Es mag für junge Menschen eine erschreckende Vorstellung sein, aber: Ohne Tapferkeit werden Sie mit dem Leben nicht fertig. Jemand, der damit Schwierigkeiten hat, muß noch erwachsen werden. Manche werden das nie.

Ich will das Stichwort Faszination der Macht doch noch einmal aufgreifen und präzisieren, Sie haben das so ein bißchen weggedrückt, als wollten Sie es nicht hören. Erinnern Sie sich an einen Moment, wo Sie einen politischen Erfolg auch als persönlichen Erfolg direkt wahrgenommen und ausgekostet haben?

Also, ich war ganz froh, 1980 gegen Strauß die Bundestagswahl gewonnen zu haben, ja, das hat mich gefreut. Ob ich es ausgekostet habe, weiß ich nicht. Es hat mich gefreut, aber ich hatte auch damit gerechnet, es war keine Überraschung. Ein wichtigeres Beispiel war der berühmt-berüchtigte NATO-Doppelbeschluß gegen den ursprünglichen Willen des amerikanischen Präsidenten. Das wird ja in der deutschen Diskussion nicht begriffen, daß wir diesen Beschluß dem Jimmy Carter praktisch aufgedrückt haben. Der wollte ja ganz etwas anderes. Erst wollte er gar nichts, und dann wollte er ganz etwas anderes. An diesem Erfolg waren wir allerdings zu dritt beteiligt, Giscard d'Estaing, James Callaghan, der damals englischer Premierminister war, und ich. Da war ich ganz froh, daß wir das zustande gekriegt haben.

Ein großer Teil der Deutschen war da anderer Meinung. Der Widerstand gegen den NATO-Doppelbeschluß hat zu den gewaltigsten Demonstrationen geführt, die die Bundesrepublik bis dahin erlebt hatte. Haben Sie sich dadurch verunsichern lassen?

Im Gegenteil. Eine machtbesoffene Sowjetunion hatte einen neuen Typus von Raketen entwickelt und damit begonnen, jedes Jahr mehrere Dutzend davon zu produzieren und aufzustellen. Jede einzelne dieser Raketen trug drei nukleare Sprengköpfe, die auf drei verschiedene Ziele abgeschossen werden konnten. Mit einer SS 20 konnte man also gleichzeitig Düsseldorf, Duisburg-Ruhrort und Dortmund auslöschen. Ich versuchte, den Amerikanern klarzumachen, daß man diese Situation so nicht hinnehmen durfte: Das Drohpotential könne eine sowjetische Führung dazu verleiten, eine dann völlig hilflose deutsche Regierung zu nötigen. Ich verlangte, daß die Amerikaner in ihre damals laufenden Verhandlungen mit den Sowjets über die Reduzierung des atomaren Arsenals auch diejenigen Raketen einbeziehen sollten, die nur auf uns Deutsche und nebenher vielleicht noch auf die Franzosen gerichtet waren.

Die Amerikaner waren anderer Meinung: Da diese Raketen uns selbst nicht treffen können, dachten sie, müssen wir das bei uns nicht so ernst nehmen. Wir nehmen notfalls den ganz großen Atomknüppel, mit dem man über 10 000, 12 000 und 14 000 Kilometer weit schießen kann, und das reicht als Gegendrohung gegenüber den Russen aus. Es hat lange gedauert, bis die US-Regierung so weich geklopft war, daß sie sich auf das Thema überhaupt einließ. Und das führte dann zu dem, was man den NATO-Doppelbeschluß genannt hat. Doppelt bedeutete: Wir geben euch Russen vier Jahre Zeit zu verhandeln. Aber wenn ihr dann immer noch dabei bleibt, die SS 20 zu installieren, dann ziehen wir, der Westen, nach und stationieren in Europa die Pershing II. Das wurde im Februar auf einer französischen Antilleninsel und dann im November 1979 im NATO-Rat gemeinsam beschlossen.

Und dann kamen diese großen Protestkundgebungen. Die haben mich natürlich sehr gestört, aber sie haben mich nicht irritiert. Es tut bloß weh, wenn man so viele Leute demonstrieren sieht und weiß, sie haben unrecht. Die gingen ja so weit, mit Bannern herumzulaufen, auf denen stand: »Lieber rot als tot.« Nein, ich habe keine Sekunde gezweifelt, und ich zweifle auch heute nicht.

Die Reaktion der Russen war zunächst: Wir haben die Dinger, ihr habt sie nicht – wieso sollen wir verhandeln? Das haben sie vier Jahre lang durchgehalten. Zwischendurch wechselte dreimal die sowjetische Führung. Mitte der achtziger Jahre kam dann Herr Gorbatschow, der verstand von dem Ganzen zunächst nichts und mußte sich erst einmal informieren. Anfang der neunziger Jahre, als er schon aus dem Amt war, hat er mir dann in einem persönlichen Gespräch das Folgende erzählt: 1987 oder 1988 – die Nachrüstung war voll im Gange – sei er in Reykjavík mit Ronald Reagan zusammengetroffen. Und da habe er, Gorbatschow, Reagan vorgeschlagen, die Dinger auf beiden Seiten zu beseitigen. Ich warf ein: Aber Reagan konnte doch gar nicht verstehen, wovon Sie reden. Und Gorbatschow antwortete: Das stimmt, aber sein Außenminister Shultz war dabei.

Auf diese Weise ist dann tatsächlich ein gegenseitiger Abrüstungsvertrag zustande gekommen zwischen der Sowjetunion und Amerika. Er betraf nur diese Mittelstreckenwaffen Pershing II und SS 20, aber es war der erste Abrüstungsvertrag überhaupt seit 1945. Ich fragte Gorbatschow: Wußten Sie denn, daß das mein Vorschlag war? Da sagte er: Ja, natürlich, Sie haben das ja oft und laut genug wiederholt.

Ich habe also überhaupt keinen Grund, diesen Beschluß nachträglich zu bedauern, im Gegenteil: Die Geschichte hat ihn voll gerechtfertigt. Sowohl die sowjetischen als auch die amerikanischen Mittelstreckenwaffen wurden beseitigt. Und das hat weitere Abrüstungsverhandlungen ausgelöst.

Noch einmal, ganz kurz, zur Karriere. Jemand, dem es nicht in irgendeiner Form Freude macht, vorne zu stehen, bleibt Referent. Der wird nicht Innensenator, der wird nicht Finanzminister, der wird nicht Verteidigungsminister. Sind Sie überhaupt gut darin, das auszuführen, was andere Ihnen sagen, oder müssen Sie immer an der Spitze der Nahrungskette stehen?

Ausführen, was andere mir sagen, mußte ich zum letzten Mal Anfang der sechziger Jahre, als ich nach zwei Legislaturperioden aus dem Bundestag ausschied. 1961 wurde ich hier in Hamburg Stadtrat – in Hamburg heißt der ein bißchen vornehmer Senator. Da hat man bisweilen das tun müssen, was das Kollegium wollte. Aber als diese vier Jahre zu Ende waren, 1965, habe ich keine Direktiven anderer mehr ausführen müssen, außer der Mehrheitsmeinung meiner Fraktion. Ich war dann drei Jahre Fraktionsvorsitzender im Bundestag. Wenn die Mehrheit einen Beschluß gefaßt hatte, mußte der Fraktionsvorsitzende den vertreten. Aber er hatte vorher die Möglichkeit, den Beschluß so zu beeinflussen und die Kollegen in der Diskussion so zu überzeugen, daß im Ergebnis die eigene Meinung einigermaßen mit derjenigen der Mehrheit übereinstimmte.

Nicht immer hat sie das getan. Ich kann mich gut an die Notstandsgesetzgebung erinnern. Die Entwürfe stammten aus der Regierung Kiesinger/Brandt, das war die Große Koalition, und die sozialdemokratischen Mitglieder dieser Regierung, also Brandt oder Wehner oder Heinemann, machten sich vor der eigenen Fraktion nicht sonderlich stark für diesen Entwurf. Der war nämlich unpopulär, und dafür mochten sie nicht so gern kämpfen. Ich habe ihn dann in der eigenen Fraktion durchgesetzt, allerdings vielfach geändert. Die ursprünglichen Entwürfe der Regierung der Großen Koalition und das, was später ins Grundgesetz geschrieben wurde, unterscheiden sich deutlich voneinander. Aber bei der Schlußabstimmung – dritte Lesung im Parlament – hatten wir eine starke Minderheit in der eigenen Fraktion dagegen. Das war übrigens einer der glücklichsten Momente meines politischen Lebens. Als sich in der Fraktion dieser starke Widerstand abzeichnete, habe ich die Frage gestellt: »Wer von euch will die Minderheitsmeinung vertreten? Ihr müßt das doch begründen im Plenum des Parlaments, warum ihr dagegen seid.« Und da hieß es: »Das mußt du auch machen.« Ich habe also in ein und derselben Rede vorgetragen, warum die Sozialdemokraten dieser Grundgesetzänderung zustimmen und warum eine erhebliche Minderheit aus den und den Gründen nicht zustimmt. Dieses Vertrauen der Minderheit, daß der Schmidt das anständig vortragen würde – und hinterher die Bestätigung, ich hätte das gut gemacht –, war einer der glücklichsten Augenblicke, die ich im parlamentarischen Leben erlebt habe.

Sie sind offenbar gern Fraktionsvorsitzender gewesen?
Es gibt zwei Ämter in meinem Leben, die ich gern ausgeführt und freiwillig auf mich genommen habe. Das eine war das Amt des Innensenators in Hamburg, das andere war das Amt des Fraktionsvorsitzenden. Zum Verteidigungsminister habe ich mich nicht gedrängt, da haben sich Brandt und Wehner viel Mühe geben müssen, mich dazu zu überreden. Und ich habe eine Bedingung gestellt: Daß Wehner aus dem Kabinett zurückkehrt in die Fraktion und die Fraktion übernimmt als Vorsitzender, weil ich mich auf den verlassen konnte. Wie es dazu kam, daß ich Finanzminister wurde, habe ich vorhin erzählt, ich habe mich dazu nicht gemeldet. Ich habe mich auch nicht gemeldet, Bundeskanzler zu werden.

Aber es gehört zu den Klischees, die das Publikum an Politikern besonders irritieren, daß die sich immer rufen lassen, daß die immer getragen werden müssen, daß die immer von der Pflicht reden und angeblich nie selber irgend etwas anstreben. Bei Ihnen würde man sich eigentlich doch noch eine andere Antwort wünschen.

Es tut mir furchtbar leid: Eure ganzen Illusionen mögen euch so bleiben, wie sie sind, meine Wahrheit ist es nicht. Sicherlich gibt es viele Politiker, vielleicht die Mehrzahl, die nach oben wollen, die politische Gestaltungsmacht wollen. Das ist ja auch nichts Unanständiges, dagegen ist gar nichts zu sagen. Das gilt auch für Perikles oder für Cäsar oder für Churchill. Für mich war es ein bißchen anders, aber ihr braucht es ja nicht zu glauben, wenn ihr nicht wollt.

Im übrigen bin ich auch nicht sicher, ob Sie die Heutigen alle in einen Topf werfen dürfen, das ist mir ein bißchen zu pauschal. Nehmen Sie den Fall des gegenwärtigen Wirtschaftsministers Müller. Der ist kein Berufspolitiker. Warum er sich hat rufen lassen, weiß ich nicht, ich habe ihn nicht gefragt, wahrscheinlich aus mehreren Motiven zugleich. Wahrscheinlich war es für ihn einerseits interessant, einmal ganz etwas anderes zu machen – der Mann kommt aus der Unternehmerschaft. Zum anderen hat er sicherlich Vorstellungen gehabt, was ein Wirtschaftsminister eigentlich alles ändern müßte. Er hat ja selber gelitten unter den tausend Vorschriften und den vielen Regulierungen in Deutschland. Und dann hat es wohl auch angefangen, ihm Spaß zu machen. Dann hat er angefangen, sich zu ärgern. Weiß der Kuckuck, was er heute darüber denkt. Nun ist er Wirtschaftsminister, nun muß er seine Pflicht erfüllen, mindestens mal die vier Jahre. Er ist kein Berufspolitiker. Und er ist sicherlich nicht in die Politik gegangen, um etwas zu werden.

Sie sprachen von der Selbstbehauptung. Es ist Ihnen also nicht alles auf dem Tablett serviert worden, weder die Ministerien, die Sie geleitet haben, noch das Amt des Bundeskanzlers. Sie mußten sich auch durchsetzen, um am Ende jeweils derjenige zu sein, auf den alles zulief.

Das ist nicht ganz richtig. Erst hinterher, erst, wenn Sie ein Amt haben, müssen Sie sich durchsetzen mit den Sachvorstellungen, die Sie verfolgen. Das war nicht immer so leicht. Als ich ins Verteidigungsministerium kam, wußte ich zwar eine ganze Menge, ich hatte zwei Bücher geschrieben zu militärstrategischen Problemen, zu Problemen der Bundeswehr und zur außenpolitischen Verflechtung der Verteidigungspolitik. Aber nun fand ich auch eine Clique von reaktionären Offizieren vor. Und ich habe auf einen Schlag eine Reihe Generäle, die Zahl weiß ich jetzt nicht mehr genau, in den Ruhestand geschickt – sie waren noch keine sechzig Jahre alt –, um mich durchzusetzen. Das Wort »durchsetzen« ist richtig, aber daß das gutging und eben nicht zu einem Aufstand in der Armee führte, hing damit zusammen, daß ich, wenn Sie so wollen, als militärischer Schriftsteller und durch meine Arbeit im Parlament seit den fünfziger Jahren als jemand galt, der wußte, wovon er sprach, und dessen Überzeugungen begründet waren. Man brauchte sie nicht zu teilen, aber jedenfalls galt ich nicht als Wichtigtuer, der Schaum schlagen wollte. Deswegen ging das gut. Auf einen Schlag viele Generäle in den Ruhestand zu schicken, weil sie in Wirklichkeit reaktionär waren, war kein Kinderspiel, da mußte man sich durchsetzen. Ich habe das aber nicht allein auf meine eigene Kappe genommen, sondern ich bin zu meinem Chef gegangen, das war der Bundeskanzler, und habe gesagt: Willy, ich habe das und das vor, aber ich möchte von dir hören, ob du das Risiko, das damit verbunden ist, laufen willst, wenn nicht, dann nicht. Das und das spricht dafür, das und das spricht dagegen. Dann hat Willy Brandt gesagt, mach mal. Da habe ich es gemacht und habe mich durchgesetzt.

Ist das Durchsetzen der eigenen Meinung schlechthin entscheidend?

Politik in der Demokratie ist notabene ein Mannschaftssport, kein Sport für Einzelkämpfer. Sie sind auf eine Mannschaft angewiesen. Den schwersten Stand hat wohl der Finanzminister; wenn er im Kabinett nicht Leute findet, die ihm die Stange halten, kann er sich alleine nicht durchsetzen. In Wirklichkeit sind aber alle Leute eigentlich Gegner des Finanzministers. Sie wollen alle ein bißchen mehr Geld haben, der eine für die Gesundheit und der andere, was weiß ich, für die Goethe-Institute und der dritte für die Bundeswehr, und der vierte braucht dringend eine neue Botschaft in irgendeinem Botokudenstaat. Die wollen alle mehr Geld haben, und der Finanzminister muß sich mit allen anlegen.

Wenn er dann aber überhaupt keine Freunde im Kabinett hat, die verstehen, warum er nein sagen muß, und wenn er nicht wenigstens einen Bundeskanzler hat, der sagt, ich halte dir die Stange, dann ist er verloren, dann muß er seinen Hut nehmen.

Waren Sie ein guter Team-Spieler?
Das sollen andere beantworten.

Was war in Ihren Augen die größte Entgleisung im Deutschen Bundestag?
Als Kurt Schumacher Anfang der fünfziger Jahre Konrad Adenauer zurief: »Bundeskanzler der Alliierten«, empfand der damalige Bundestagspräsident diese Äußerung als derart grobe Beleidigung, daß er Schumacher, immerhin den Führer der Opposition, Veteran des Ersten Krieges, Veteran von Adolf Nazis Zuchthaus, für zehn Tage von den Sitzungen des Parlaments ausschloß. In meinen Augen eine grobe Entgleisung des Bundestagspräsidenten. Ein Ordnungsruf hätte genügt. Eine Entgleisung, die mich persönlich aufgeregt hätte, fällt mir nicht ein.

Mich interessieren die Dinge in Ihrem Leben, die Sie bedauern, versäumt zu haben, gesagt zu haben ...
Es hätte keinen Sinn, das zu bedauern. Es gibt aber viele Dinge, für die ich nachträglich noch dankbarer bin als damals, wo sie passiert sind. Fritz Erler hat zum Beispiel dafür gesorgt, daß ich Mitte der fünfziger Jahre als junger Abgeordneter – ich war damals noch keine vierzig Jahre alt – nach Frankreich ging, nach England ging, nach Amerika ging.

Herbert Wehner hat dafür gesorgt, daß ich zu Jean Monnet in das Comité d'Action pour les États-Unis d'Europe gegangen bin. Das heißt, diese beiden haben dafür gesorgt, daß der junge, offenbar in ihren Augen durchaus begabte Kerl dazulernen konnte durch Auslandserfahrung. Da kann man nur dankbar sein. Heutzutage, angesichts der Internationalisierung von Politik und Wirtschaft und Wissenschaft, ist es geradezu sträflich, jemanden nicht ins Ausland zu schicken. Ein junger Mensch muß deswegen nicht ein Jahr lang in Harvard oder auf dem College in Oxford studieren, das ist nicht nötig. Aber er soll sehen, wie die anderen das machen und wie sie dieses oder jenes Problem, mit dem er zu Hause auch zu tun hat, bei sich gelöst haben oder wie sie über bestimmte Probleme, sagen wir, der Erziehung pubertierender Jugendlicher, denken und wie sie damit fertigwerden. Auslandserfahrung ist in meinen Augen heutzutage unerläßlich für einen Politiker. Jemand, der meint, er kann aus dem heimatlichen Dorfteich emporsteigen bis zum Bundeskanzler, ohne die Länder außerhalb der eigenen Grenzen je gesehen zu haben, der taugt vielleicht als Präsidentschaftskandidat in den USA, aber nicht in Deutschland.

ZWEITE GESPRÄCHSRUNDE

Fühlen Sie sich wohl in Hamburg?

Ich habe mich mein Leben lang in Hamburg wohl gefühlt. Ich bin hier geboren, ich bin hier aufgewachsen. Ich bin, wenn Sie so wollen, mit Leib und Seele ein Hamburger, ein hanseatischer Hamburger überdies. Aber es gab natürlich immer und gibt auch heute Sachen, mit denen man in seiner eigenen Stadt nicht so sonderlich zufrieden ist. Ich habe mal heute vor vierzig Jahren in der Zeitung »Die Welt« einen großen Artikel veröffentlicht an die Adresse der Hamburger – nicht unter meinem Namen, denn ich war damals Senator. Da habe ich den Hamburgern den Spiegel vorgehalten, was nach meiner Meinung alles nicht in Ordnung war und worum sie sich gefälligst kümmern sollten. Das ist vierzig Jahre her.

Im Grunde ist Hamburg eine ordentliche Stadt. Anders als München oder Berlin oder Dresden war Hamburg nie eine Residenz, hier hat es nie einen König oder einen Fürstbischof oder einen Erzbischof oder so etwas gegeben, die viel Geld hatten und Paläste gebaut haben. Hamburg war immer eine Stadtrepublik, das heißt, alles, was hier an großen Leistungen zustande gebracht wurde, auch an Bauten, haben die Bürger mit ihrem eigenen Geld bezahlt, nicht mit Steuergeld. Die großen Kirchen sind eben nicht von einem Bischof gebaut, die sind von den Bürgern gebaut. Im Mittelalter haben die Hansestädte durch die Großartigkeit der Kirchen, die sie errichtet haben, versucht, der Welt zu zeigen, wie großartig sie sind und was sie sich leisten können. Vieles ist dabei durch Stiftungen von wohlhabenden Bürgern zustande gekommen. Hamburg ist eigentlich die Hauptstadt des deutschen Stiftungswesens, rund 800 gemeinnützige Stiftungen gibt es in dieser Stadt. Die, wenn Sie so wollen, republikanische Grundgesinnung hat sich bis heute erhalten in Hamburg, und damit kann man sehr zufrieden sein.

Fühlen Sie sich gut regiert von Ihrem neuen Innensenator Schill?
Das kann ich nicht beurteilen, der ist ja erst ein paar Wochen im Amt.

Daß Schill von 0 auf 20 Prozent gekommen ist in der Wählergunst, ist das beunruhigend oder nur ein Zeitphänomen, das sich bald wieder geben wird?
Ob es sich bald wieder geben wird, weiß ich nicht. Das Phänomen hat sich ergeben, weil der vorangegangene Senat und die ihn tragende Mehrheit im Hamburgischen Stadtparlament auf Fragen der inneren Sicherheit nicht genug Gewicht gelegt hat.

Fehler der SPD?
Ja, die hat darauf nicht genug Gewicht gelegt. Ob es dem neuen Innensenator gelingt, das zu ändern, remains to be seen. In jeder Millionenstadt der Welt ist es heutzutage schwierig, Ordnung und Ruhe zu halten, weil die Gesellschaften ethnisch und sprachlich so stark durchmischt sind und die modernen technischen Hilfsmittel, insbesondere auf dem Felde der Telekommunikation, Verbrechen und Kriminalität begünstigen. Erfolge sind schwer zu erringen. Bürgermeister Giuliani, der jetzt abtritt, hat die Verbrechensrate in New York, das ganz schwierig zu regieren ist, tatsächlich deutlich drücken können.

Mit dem Slogan »Null Toleranz«.
Nein, wohl nicht mit dem Slogan, sondern mit ziemlich brutalen Maßnahmen. Der Slogan kam obendrauf. Mit einem Slogan allein kriegen Sie die Verbrecher nicht weg, sondern er hat ziemlich hart durchgegriffen. Da steckt natürlich auch eine gewisse Gefahr drin. Wenn man einmal von der Notwendigkeit überzeugt ist durchzugreifen, kann man leicht über die Grenzen des Gesetzes hinweggehen und kann, ohne es wirklich zu wollen, Teile der bürgerlichen Freiheiten der einzelnen Menschen in Mitleidenschaft ziehen. Das kann passieren.

Otto Schily ist nicht auf diesem Weg?
Schily nicht. Aber der Mann, der jetzt hier in Hamburg Innensenator geworden ist, hat den Eindruck gemacht, als ob er dazu bereit wäre. Hoffentlich tritt es so nicht ein.

Wir sitzen hier in Ihrem Haus vor einer riesigen Bücherwand, die voller Lexika steht. Sammeln Sie Lexika, Herr Schmidt?
Nein, ich brauche sie.

Alle, die da sind? Warum so viele?
Das eine ist ein Literaturlexikon, das andere ist ein Kunstlexikon, das dritte ist ein Staatslexikon, das vierte eine Encyclopaedia Britannica usw. Ich habe mich im Haus und im Büro überall mit Lexika umgeben, weil ich sie brauche. Ich möchte nicht erst stundenlang jemanden beauftragen müssen, der nachforscht, wann Cäsar geboren und wann er gestorben ist; das kann ich schneller selber nachsehen.

Der Rest hier sind, wenn ich es überblicke, vor allem Kunstbücher?
Ja, das übrige sind wohl alles Kunstbücher, und das da hinten ist alles schöne Literatur.

Würden Sie auf diesen Schatz verzichten wollen?
Nein. Warum soll ich darauf verzichten?

Wenn Sie zum Beispiel umziehen würden.
In diesem Haus leben wir jetzt seit vierzig Jahren, da wollen wir nicht mehr raus.

Und dieses Haus wird irgendwann eine Art Helmut-Schmidt-Haus?
Es ist der Stiftung vermacht mit allem, was drin ist, und was die dann daraus macht, muß das Kuratori-

um der Stiftung entscheiden. Ich nehme an, daß das Archiv und die Bücher für Wissenschaftler zugängig gemacht werden und das Haus Besuchern offensteht.

Letztlich dient das Haus also dazu, das Andenken an Sie zu bewahren?

Ja, das ist eine Übung, die wir zuerst in Amerika gesehen haben, wo jeder Präsident eine sogenannte Library hinterlässt. In Wirklichkeit sind es aber nicht bloß seine Bücher und seine Schriften, sondern auch alle möglichen anderen Dinge, die er im Laufe des Lebens erworben, geschaffen, geschrieben, gekauft, gesammelt hat. Dann hat sich das in Deutschland zunächst bei Adenauer so entwickelt, dann bei Erhard, inzwischen bei Willy Brandt. Ich halte das für sehr gesund. Ich finde es richtig, daß es später mit meinen Büchern und meinen Arbeiten einmal ähnlich sein wird.

Gibt es bei Ihnen wie bei Helmut Kohl den Begriff der »privatdienstlichen Akten«?

Den Begriff habe ich nie benutzt. Es gibt natürlich private Briefwechsel, die ja auch ein Bundeskanzler führt und die nichts mit dem Amt zu tun haben. Andererseits darf er amtliche Akten niemals als seine Privatangelegenheit betrachten. Was da jüngst in Bonn an Aktenvernichtung und Aktenunterschlagung stattgefunden hat, das kann ich schlecht beurteilen; aber soweit man darüber gelesen hat, sind das eindeutige Verstöße gegen das Gesetz und, notabene, gegen den Anstand. Eine andere Sache ist, daß jemand, der ein Amt verlässt, sich Duplikate mitnimmt von wichtigen Entscheidungen, die er getroffen hat. Das halte ich für zulässig.

Das ist nicht Ausdruck einer ausnahmsweise einmal nicht eingehaltenen Bescheidenheit, die sonst Ihren Lebensweg prägt?
Die Frage bescheiden oder unbescheiden stellt sich hier nicht. Ich staune über jeden Politiker, der seine Autobiographie schreibt.

Sie tun es nicht?
Nein, das tue ich ganz gewiß nicht. Das ist eine unglaubliche Verleitung, sich selbst zu beweihräuchern, sich zu schminken und schöner zu machen, als man ist. Aber das Zeug aufzubewahren für andere, die später kommen und darüber schreiben, das ist in Ordnung.

Wenn Sie Architekt geworden wären – wie würden dann die Häuser und Städte aussehen, die Sie gebaut hätten?
Das möchte ich auch wissen! Vor Beginn des Krieges, als ich 17, 18 Jahre alt war und dieser Berufswunsch bei mir wach wurde, konnte man die Zerstörung Deutschlands ja nicht vorausahnen. Nach dem Krieg kam dann alles anders. Wahrscheinlich wäre ich ein ganz leidlicher Architekt geworden. Aber eine konkrete Vorstellung von dem, was ich bauen würde, hatte ich noch nicht. Ich war nur davon überzeugt, daß man in Norddeutschland – auch in Dänemark, Schweden oder Finnland – zum Backsteinbau zurückkehren sollte. Backstein als Baustoff, der der

Landschaft angemessen war. François Mitterrand habe ich mal mit Fleiß nach Lübeck geschleppt, wo er zum ersten Mal in seinem Leben aus Backstein aufgemauerte gotische Kathedralen erlebt hat. Die Marienkirche, den Dom: Der hat Bauklötze gestaunt!

Wenn ich die Fotos recht in Erinnerung habe, saß auf diesem Platz hier einmal der Generalsekretär der KPdSU, Leonid Breschnew. Staatsgäste zu sich nach Hause einzuladen, war damals eher ungewöhnlich. Wie kamen Sie auf die Idee?
Auf die Idee, ausländische Gäste zum Essen oder zum Gespräch hierher zu bitten, kam ich erst, als ich in Regierungsämtern war. Es ist ein großer Unterschied, ob man in einem Sitzungssaal mit soundso vielen Ghostwritern und Notetakern und Beratern und Diplomaten und Botschaftern und Generälen sich gegenübersitzt oder ob man in einem normalen Wohnzimmer oder an einem normalen Eßtisch miteinander redet. Das Gespräch wird sehr viel schneller offen, intim; es ist kein Tonband da, niemand, der protokolliert. Da kann man auch mal laut vor sich hin denken. Den Breschnew wollte ich aber auch hier haben, damit er mal sieht, wie ein normaler Bürger lebt – nämlich nicht so, wie er das gewohnt ist. Die dachten, wir wohnen in ähnlichen Palästen wie sie in Moskau. Sie sollten mal sehen, wie das bei uns wirklich ist.

Angeblich hielt Breschnew das Haus für sehr luxuriös.
Nicht das Haus, aber die Siedlung. Er hat gefragt, wo eigentlich die Mauer sei, die die Großkopferten

vom normalen Volk abgrenzt. Er hat gar nicht begriffen, daß das eine Siedlung der gewerkschaftlichen Wohnungsbauunternehmung Neue Heimat ist, in der wir hier leben. Von der habe ich das Haus seinerzeit auch gekauft.

Haben Sie einen gewissen Stolz auf die Bescheidenheit?
Stolz ist richtig gesagt, ja.

Breschnew haben Sie so gesetzt, daß er unter den gesammelten Werken von Marx und Engels saß ...
Nein, er hat sich von selber da hingesetzt, ohne es zu wissen.

Wo sind denn die Bände?
Ich habe sie wie viele andere Bücher ins Nebenhaus ausquartiert. Das Haus des Nachbarn habe ich im Laufe der Jahre dazugekauft, für die Bücher.

Sie haben die Nachbarn verdrängt?
Ich habe keinen verdrängt. Der Nachbar wollte ins Altersheim, da habe ich sein Haus gekauft.

Außer diesem Haus besitzen Sie ein Haus am Brahmsee. Sie haben erzählt, daß Sie es sich 1958 nicht leisten konnten, das angrenzende Grundstück zu kaufen ...
Ja, eine Wiese an einem kleinen Flüßchen; die hätten wir zu zweit kaufen müssen, Berkhans und wir. Aber wir haben es uns nicht zugetraut, uns zusätzlich mit 2500 Mark pro Haushalt zu verschulden.

Das heißt, zwei Bundestagsabgeordnete mit zwei verdienenden Frauen, waren 1958 nicht Mutes genug, 5000 Mark Kredit aufzunehmen?
Frau Schmidt: Genauso war es. Wir haben hin und her gerechnet, was man eventuell noch hätte verkaufen oder wo man sich Geld hätte leihen können.

War Geld Ihnen nie wichtig?
Das kann man so nicht sagen. Ich habe in der Zeit als Minister und später als Kanzler häufig das Gefühl gehabt, unterbezahlt zu sein.
Frau Schmidt: Und warst ein bißchen neidisch auf Menschen, die halb soviel arbeiteten und doppelt soviel verdienten.

Wer war das denn zum Beispiel?
Auch damals schon haben die Manager der größeren Unternehmen unglaublich viel mehr Geld verdient als ein Bundeskanzler. Heutzutage ist das ja skandalös; heutzutage gibt es Vorstände von Aktiengesellschaften in Deutschland, die zwanzigmal soviel Geld verdienen im Jahr wie der deutsche Bundeskanzler. Zum größeren Teil sind diese Vorstandsmitglieder das Geld nicht wert, das sie sich verschaffen. Diese Habgier, die da herübergeschwappt ist aus Amerika und die sich breitgemacht hat im Laufe der letzten Jahre, ist mehr als unerfreulich.

Ich nehme an, daß Sie in Ihrem Haus hin und wieder auch Mitglieder des »InterAction Council« zu Gast haben. Sie sind Ehrenvorsitzender dieses Clubs, in dem

eine Reihe von ehemaligen Staats- und Regierungschefs versammelt ist. Was genau tun Sie da?
Die Idee geht zurück auf den inzwischen längst verstorbenen Japaner Takeo Fukuda, ehemals Ministerpräsident, viele Male Finanzminister in Tokio. Der dachte, wenn er alle Staats- und Regierungschefs, die er aus seiner Amtszeit kannte, versammelt, müßte besonders viel Kluges rauskommen.

Und?
Das ist es insofern nicht geworden, als sich bald herausgestellt hat, daß die im Amt befindlichen Regierungen gar nicht darauf erpicht sind, von ihren Vorgängern irgendwelche klugen Ratschläge zu erhalten. Aber für uns, die Beteiligten, hat sich eine unglaubliche Bereicherung ergeben. Wir treffen uns jedes Jahr einmal für zwei oder drei Tage, und meistens wird vorher verabredet, über welche Themen wir dann miteinander reden wollen. Ich habe dabei enorm zugelernt, andere sicher auch. Ich war viele Jahre Vorsitzender, und als es mir zu viel wurde, habe ich gesagt, ihr müßt euch mal einen neuen suchen. Seither bin ich der Ehrenvorsitzende.

Was wird das Thema in diesem Jahr sein?
Dieses Jahr tagen wir in Berlin und haben uns zwei Themen vorgenommen: Das eine ist die Erwartung der Asiaten, der Südamerikaner, der Afrikaner und anderer an die zukünftige Rolle der Europäischen Union; das andere ist das Spannungsverhältnis zwi-

schen einerseits Völkerrecht und internationalem Recht und andererseits den Methoden der Bekämpfung von Terrorismus.

Die ökonomischen Machtverhältnisse würden eigentlich eher die Umkehrung der Frage nahelegen: Welche Erwartungen knüpft Europa an Asien, insbesondere an das sich so rasend schnell entwickelnde China?
Das ist richtig, nur steht das Thema im Augenblick nicht auf der Tagesordnung dieses Clubs der älteren Staatsmänner. Ich selber mache mir seit vielen Jahren Gedanken über die zukünftige Bedeutung Chinas. Ich bin im Laufe des Lebens zwölf- oder fünfzehnmal in China gewesen – das erste Mal noch zu Lebzeiten Mao Tse-tungs –, und ich hege große Bewunderung für das, was die Chinesen im Lauf der letzten zwanzig Jahre, das heißt seit dem Tode Maos, geleistet haben. 1975 liefen alle Menschen in denselben lächerlichen blauen oder grauen Anzügen herum, miserabel gekleidet, miserabel ernährt, alle gleich. Sie mußten alle das gleiche denken, sie mußten alle das gleiche bekennen. Schrecklich! Das war zur Zeit der sogenannten Kulturrevolution – eine schlimme Verirrung, auch eine sehr brutale Verirrung. Und wenn Sie heute nach Schanghai kommen oder nach Beijing oder nach Kanton oder in die großen Millionenstädte an der Ostküste oder durch die Provinzen entlang der Küste fahren, dann haben Sie es mit Stadtbildern zu tun, daß Sie denken, Sie kommen nach Chicago oder nach Detroit oder nach Atlanta. Ein Wolkenkratzer neben dem anderen, ein unglaublicher Verkehr auf der Straße. Der

Lebensstandard ist wesentlich höher als in der Masse der Entwicklungsländer. Das alles ist dank Deng Xiao-ping im Laufe der letzten zwanzig Jahre entstanden. Das chinesische Volk ist viertausend Jahre alt und entwickelt nach beinahe zwei vollen katastrophalen Jahrhunderten plötzlich diese Vitalität!

Wird China Ihrer Meinung nach wieder zu einer Hochkultur?
Ja, kein Zweifel. Nur das Wort »wieder« scheint mir nicht ganz richtig. Die Hochkultur ist kontinuierlich aufrechterhalten worden. Sie ist durch den Maoismus nur überdeckt gewesen. Der Konfuzianismus ist zweieinhalbtausend Jahre alt und nach wie vor ein dominierendes Element in der chinesischen Gesellschaft; er bestimmt nach wie vor die Art und Weise, wie die Leute miteinander umgehen. Also, China ist eine Hochkultur, immer gewesen, und es wird im Laufe der nächsten zwanzig, dreißig Jahre eine Wirtschaftsmacht sondergleichen werden.

Was für eine Macht wird das sein, etwa im Unterschied zu den USA? Wird China auch eine Art Kulturimperialismus ausüben, wie wir das von Amerika kennen, oder ist das von der chinesischen Seite nicht zu erwarten?
Das weiß ich nicht, das muß man abwarten. Zunächst sind die Chinesen damit beschäftigt, ihr eigenes Land in Ordnung zu bringen. Das Land leidet gewaltig unter Übervölkerung; China hat heute 1300 Millionen, das sind beinahe so viel, wie auf der ganzen Erde am Anfang des 20. Jahrhunderts

gelebt haben. Und die sollen alle ernährt werden, die sollen alle Arbeit und Brot finden, sollen alle einen einigermaßen akzeptablen Lebensstandard erlangen – da ist unglaublich viel zu tun.

Ja, und das macht Druck zur Expansion.
Nein, das glaube ich nicht. Die Chinesen sind, wenn man die Geschichte des Landes über die letzten zweieinhalbtausend Jahre zurückverfolgt, mit kleinen Ausnahmen keine Eroberer gewesen, überhaupt nicht vergleichbar mit den Russen oder den Japanern. Was früher einmal nicht dazugehört haben könnte, wäre Tibet, und das ist es dann schon.

Das ist es dann schon? Es gibt kein Recht, dieses Land auf diese Art und Weise zu unterdrücken, wie die Chinesen es tun.
Na ja, gut, ob es unterdrückt ist ... Da kann man noch fragen, ob es nicht vorher genauso unterdrückt war. Jedenfalls ist die chinesische Geschichte insgesamt keine Geschichte von Eroberungen, anders als die der Japaner, und anders als die der meisten Europäer, der Franzosen, der Spanier, der Portugiesen, der Engländer, der Holländer. Ich halte die Chinesen nicht für besonders friedlich, aber die Vorstellung, daß China eine expansive Macht sei, ist nicht zutreffend.

Was für eine Art von Macht wird China also sein?
Die technologische Modernisierung Chinas geht in einem unglaublichen Tempo voran; es gibt jetzt

schon sieben Millionen Internetbenutzer in diesem Land. Die technologische Modernisierung zwingt auf vielerlei Weise auch zu sonstigen Modernisierungen, auch im Kopf. Über das Internet kommen tausend Einflüsse nach China von draußen. Hunderttausende junger Chinesen studieren im Ausland, von denen pro Jahr 15 000 bis 20 000 nach China zurückkommen, mit neuen Ideen und Eindrücken und neuen Vorstellungen davon, wie ihre Heimat in Zukunft eigentlich beschaffen sein sollte. China wird sich geistig öffnen, das ist wohl unausweichlich, alles weitere ist sehr schwer vorherzusehen. Die heutige chinesische Führung weiß, daß das Land außer der materiellen Modernisierung auch eine Modernisierung ihrer *spiritual civilisation* braucht – ich benutze bewußt deren englische Ausdrucksweise. Ob ihnen das gelingt und wer die geistigen Anstöße gibt, bleibt abzuwarten.

Wir bringen den Transrapid nach China! Man hat das Gefühl, daß der Austausch mit China im Moment noch eine Einbahnstraße ist und daß dabei der wirtschaftliche Gedanke sehr stark im Vordergrund steht. Denkt bei uns irgend jemand weiter?
Die Amerikaner sind sich über ihr zukünftiges Verhältnis gegenüber China absolut im unklaren. Das lasse ich mal beiseite. Die Europäer – sagen wir mal die politische Klasse in Frankreich oder in Deutschland oder in England – sind hingegen alle von der Vorstellung erfüllt, daß China eine große ökonomische Zukunft hat und daß damit natürlich auch politische Macht verbunden ist – übrigens auch militä-

rische Macht. In Paris, in London, in Berlin weiß man, daß man sich mit dieser Weltmacht, als die ich China schon lange ansehe, nicht ohne Not überwerfen soll, sondern sich, wenn nichts dagegen spricht, mit ihr gutstellen soll. Ich glaube, Sie verkürzen ein bißchen unzulässig, wenn Sie meinen, die Europäer verfolgten nur ökonomische Interessen. Das ist bei den Amerikanern anders; die bilden sich ein, China sei der größte Markt der Welt, da könnten sie ihre Produkte absetzen. Das ist zwar richtig, aber China wird auch der größte Konkurrent werden. China wird heute in dreißig Jahren ein genauso großer Exporteur sein wie die Europäische Union oder wie die USA selbst. Nur ist alles, was aus China kommt, sehr viel billiger. Und heute in dreißig Jahren wird in China noch immer alles billiger sein, weil die Löhne und die Sozialleistungen auch dann noch sehr viel niedriger liegen werden. Wenn die Produkte aus China in der Qualität genauso gut sind wie das, was aus Mailand kommt oder aus Eindhoven oder aus Toulouse, werden sie die europäischen Produkte verdrängen. Die Europäer können sich nur behaupten, wenn sie Neues erfinden, was die Chinesen einstweilen noch nicht können; in zehn Jahren können sie es dann auch. Die Konsequenz, die gezogen werden muß und die in Europa noch nicht gezogen wird, ist: Forschung, Forschung, Forschung, Anwendung, Entwicklung. Was die Europäer und die Deutschen vermeiden müssen, ist ein Rückfall in die Überheblichkeit gegenüber China, die das ganze 19. Jahrhundert und das 20. Jahrhundert bis zum Tode Mao Tse-tungs gekennzeichnet hat. Das war sicher ein seltsamer Mann. Aber westliche Überheblichkeit ist durch nichts gerechtfertigt.

Apropos westliche Überheblichkeit gegenüber fremden Kulturen: Wenn in Ihrer Nachbarschaft eine Moschee gebaut würde, und Sie würden morgens um vier vom Muezzin geweckt, was würden Sie sagen?
Gar nichts.

Würden Sie das akzeptieren können?
Ja, natürlich. Ganz abgesehen davon, daß ich den Ruf zum Gebet nicht hören könnte, weil ich fast taub bin. Im Ernst: Ich bin seit langem davon überzeugt, daß der Islam dasselbe Recht und dieselbe Geltung haben muß wie etwa die jüdische Religion oder die christliche Religion und daß wir Europäer das begreifen müssen. Ich hatte einen Freund, das war der Ägypter Anwar as Sadat, ein sehr bewußter, gläubiger Muslim. Der hat mich vor einem Vierteljahrhundert dazu gebracht, mich ein bißchen mehr mit dem Islam zu beschäftigen. Ich bin sehr besorgt, daß die gegenwärtige, etwas leichtfertige Identifizierung des islamistischen Terrorismus mit dem Islam als Weltreligion tatsächlich dazu führen könnte, daß die Prophezeiung von Samuel Huntington über den »Clash of Civilisations« tatsächlich Wirklichkeit wird. Ich habe mich immer bemüht, soweit man das als Privatmann in meinem Alter kann, dämpfend zu wirken, und habe ganz großen Respekt zum Beispiel vor den Bemühungen von Hans Küng. Er versucht nicht nur die Gleichberech-

tigung der großen Religionen ins Bewußtsein zu heben, sondern darüber hinaus herauszudestillieren, was sie eigentlich in Wirklichkeit alles gemeinsam haben, vor allem in ihrer Ethik – was uns in der Schule oder vom Pastor ja nicht erzählt worden ist, vom Priester in der katholischen Kirche und vom Rabbiner in der Synagoge auch nicht. Die Kirchen haben da eine schwere Versäumnis begangen – man kann sogar von einem Vergehen sprechen –, in der Einseitigkeit, in der sie bisher junge Leute erzogen haben und zum Teil heute noch erziehen. Als ich in der Grundschule war, also als Sechs- bis Zehnjähriger, da galt zum Beispiel »bischa katholisch« als Schimpfwort – so schlimm war die Feindschaft gegenüber anderen Konfessionen.

Ich bin kein Anhänger des Schlagworts von der multikulturellen Gesellschaft, ich halte das für eine intellektuelle Spielerei. Leute, die in Blankenese wohnen, haben es leicht, religiöse Toleranz zu üben; Leute in Wilhelmsburg – Sie können auch Kreuzberg sagen – haben es viel schwerer. Ich glaube, wir haben viel zu viele Leute aus dem Ausland hereingeholt, die sich hier in Wirklichkeit nicht einfügen und Deutsche werden wollen. Ganz etwas anderes ist aber die Gleichberechtigung der islamischen Weltreligion. Diese Gleichberechtigung halte ich für absolut richtig und notwendig. Leider gibt es in Deutschland, und in Amerika erst recht, kaum Leute im öffentlichen Leben, die auch nur die geringste Ahnung haben vom Islam. Sie wissen nicht, daß die drei monotheistischen Weltreligionen sich alle auf denselben Abraham beziehen und auf denselben

Moses und auf beinahe alle Propheten des Alten Testaments. Im Koran ist Jesus von Nazareth der zweithöchste Prophet. Das weiß hierzulande auch kaum einer. Insbesondere die katholische Kirche hat schwere Versäumnisse begangen im Laufe von Jahrhunderten, auch noch in der Gegenwart. Jetzt hat zum erstenmal ein Papst eine Moschee besucht und die Al Aqsa-Universität in Kairo; das hat aber großen Drängens bedurft. Ich habe auch versucht, in der Richtung zu drängen.

Beim Papst?
Ja.

Wie haben Sie ihn erlebt?
Ich habe ihn dreimal im persönlichen, privaten Gespräch erlebt, zweimal eine Stunde lang und einmal wohl ein bißchen kürzer, so daß ich mir das Urteil erlauben darf: Ich halte ihn für eine verehrungswürdige Persönlichkeit, einen wunderbaren Menschen. Aber was den Islam oder was Fragen der Sexualität oder der Ehe angeht, halte ich ihn für einen beschränkten Mann. Er hat im Untergrund, unter der Nazi-Besatzung, Theologie studiert und ist Priester geworden. Und an das, was er damals gelernt hat, hat er sich dann geklammert. Daran hängt er heute noch, er kann das nicht mehr ändern. Aber das ist keine Einschränkung meines hohen persönlichen Werturteils über Papst Johannes Paul II.

Ist der Papst ein Politiker?
Er ist vieles, aber das ist er mit Sicherheit nicht.

Er macht aber Politik.
Nein, er hat politische Wirkung, enorme politische Wirkung, dessen ist er sich auch durchaus bewußt, aber in erster und in zweiter Linie ist er das Oberhaupt der katholischen Kirche und Seelsorger.

Glauben Sie an einen gerechten Gott?
Da scheue ich mich, aus dem Handgelenk eine Antwort zu geben. Wahrscheinlich wird sie nach langem Nachdenken sein: nein. Der gerechte Gott, wenn es ihn denn gibt, hat immerhin Auschwitz zugelassen und andere entsetzliche Verbrechen. Es gibt ja Philosophen und Theologen, die sich bemüht haben, Gott zu rechtfertigen, der deutsche Philosoph Leibniz beispielsweise. Ich habe ihn nicht überzeugend gefunden. Aber ich bleibe dabei: Diese Antwort ist vorläufig.

Haben Sie bei wichtigen Entscheidungen gebetet?
Im Amt, aus irgendeinem konkret bedrückenden Anlaß, habe ich sicherlich niemals gebetet. Aber ich habe regelmäßig Seelsorge gesucht und gefunden; sowohl bei einem herausragenden katholischen Seelsorger, dem leider längst dahingegangenen Ruhrbischof Franz Hengsbach, als auch bei einem evangelischen Bischof, der noch lebt, Eduard Lohse in Hannover. Ich habe auch seelischen Beistand gesucht bei Pater Oswald von Nell-Breuning in Frankfurt; ich habe mir seine Sicht der sozialen Pro-

bleme unseres Landes erklären lassen. Das fasse ich zusammen unter dem Begriff Seelsorge: Zuspruch von Leuten, die außerhalb stehen, aber Überblick haben. Solche Leute, die fest auf dem Boden ihrer Überzeugungen stehen, braucht man.

Sie beschäftigen sich zur Zeit mit Kardinal Ratzinger.
Wer hat Ihnen das erzählt? Ein Spion im eigenen Haus!

Wie kommt er Ihnen vor, dieser Kardinal?
Rechthaberisch.

Worin besteht seine Rechthaberei? Die katholische Kirche hat ja qua definitionem schon mal recht.
Ja, er übertreibt das aber ein bißchen, denke ich. Aber ich will hier nicht in die Theologie einsteigen ...

Warum nicht?
Da fehlt es mir an Kompetenz, mich darüber öffentlich zu äußern. Aber nehmen Sie mal ein Beispiel. Nach endlos langen Beratungen zwischen katholischen Theologen und protestantischen Theologen hat man schließlich und endlich ein gemeinsames Papier zustande gebracht über die Frage, die schon zu Luthers Zeiten, vor einem halben Jahrtausend, die Theologen schrecklich beschäftigt hat, nämlich, ob der Mensch vor Gott gerechtfertigt sei nur durch die Gnade Gottes oder auch durch seine eigenen guten Werke. Letzteres war die katholische Auffassung, während Luther sagte, nur durch die Gnade. Ich halte es in diesem Punkt mit den Katholiken.

Jetzt haben sie sich endlich auf eine gemeinsame Auffassung geeinigt, und dann schiebt Ratzinger es beiseite. Das ist in meinen Augen schwer zu verstehen. Ratzingers Vorstellung, daß es nur eine wahre Religion gibt, und das ist die katholische Façon des Christentums, finde ich ein bißchen sehr anmaßend. Erst nach vielen hundert Jahren wird Galilei gerechtfertigt, indem die Kirche einräumt, wir haben uns geirrt. Diese Tradition der Rechthaberei ist in Wirklichkeit Machtpolitik. Daß es um Macht geht, ist nicht allen gleichermaßen bewußt, aber ich vermute, dem Kardinal Ratzinger ist es durchaus bewußt.

Ich will Ihnen noch ein anderes Beispiel geben. Ich habe auf meinen Reisen in Südamerika – insbesondere nach dem Ausscheiden aus dem Amt – immer die Gelegenheit wahrgenommen, mit den Ortsbischöfen über ihre Probleme zu sprechen, in Brasilien, in Argentinien, in Mexiko. Sie haben sich häufig bei mir darüber beklagt, daß sie im Vatikan kein ausreichendes Verständnis fänden für die sozialen Probleme ihres Landes. Der Vatikan bekämpfte die sogenannte Theologie der Befreiung; Ratzinger war damals einer der Wortführer im Kampf gegen Boff und wie sie alle hießen. Im Grunde, dachte ich, braucht man für die südamerikanischen Gesellschaften etwas Ähnliches, wie es die Kirche am Ende des 19. Jahrhunderts mit der *Encyclica Rerum novarum* geleistet hat. Das war eine Sozialenzyklika, die den Menschen sagte, wie Gesellschaft und Wirtschaft im Industriezeitalter eigentlich geordnet sein sollten; vierzig Jahre später gab es dann eine zweite Enzyklika, *Quadragesimo anno*. In der Art, aber zugeschnitten auf die völlig anderen sozialen Verhältnisse zum Beispiel in Brasilien, müßte es eine Enzyklika des Papstes geben. Darüber habe ich mit dem jetzigen Papst, Johannes Paul II., ernsthaft gesprochen. Bei einem langen Gespräch, in dem ich ihm die Idee einer Sozialenzyklika für Südamerika vortrug, wies ich ihn auch auf die Konsequenzen der Überbevölkerung der Welt hin. Als ich mich vom Papst verabschiedet hatte, traf ich auf dem Flur zufällig den damaligen Kardinalstaatssekretär Casaroli, einen sehr klugen Mann. Wir kannten uns, und Casaroli fragte: Na, sagen Sie mal, was hat der Heilige Vater Ihnen denn gesagt? Ich erzählte ihm von dem Gespräch und, daß ich den Kampf gegen die Theologie der Befreiung nicht gut fände, wenn man den Leuten nicht gleichzeitig sagt, was denn tatsächlich geschehen soll. Da meinte Casaroli: Ja, ja, was der Bruder Ratzinger macht, ist nur die Hälfte von dem, was eigentlich notwendig wäre. Casaroli vermißte also auch ein Gesamtkonzept.

Wie erklären Sie sich die Haltung der katholischen Kirche zur Frage der Überbevölkerung?

Die Moraltheologie in bezug auf Kinder zeugen, Kinder kriegen, Abtreibung und dergleichen ist im Ergebnis gefährlich. Und die Gefahr ist der Kirche auch bewußt, obwohl sie es nicht zugeben will. Ausgerechnet eine Kirche, deren Priester und Bischöfe weder Frauen haben noch Kinder zeugen dürfen, ausgerechnet die meint Bescheid zu wissen, wie man sich zu verhalten hat im Ehebett und außerhalb des Ehebetts, in einem anderen Bett, und wie das ist mit dem Kinderkriegen und der ganzen Sexualmoral. Sie reden über Dinge, die sie selbst nicht kennen.

Diese Moraltheologie ist gefährlich, sagen Sie?
Jedenfalls trägt die Dogmatik des Heiligen Stuhls bei zu der gefährlichen Überbevölkerung der Welt. Dieser Prozeß muß die Welt aber ins Unglück führen. Es wird mehr Hunger geben, mehr Kriege, größere Flüchtlingsströme. Pro Kopf und Nase der Menschen, die heute auf der Welt leben, stehen gerade noch 3 Prozent des Raumes zur Verfügung, der zur Zeit des Rabbiners Jesus von Nazareth zur Verfügung gestanden hat, vielleicht etwas mehr, vielleicht etwas weniger, man weiß nicht so genau, wieviel hundert Millionen Menschen damals auf der Welt gelebt haben. Heute leben mehr als sechs Milliarden auf der Welt, sechstausend Millionen Menschen. Allein im Laufe des eben zu Ende gegangenen Jahrhunderts hat sich die Menschheit vervierfacht. Das geht nicht gut.

Aber ist Ihrer Meinung nach der Einfluß des Vatikans auf das sexuelle Verhalten der gläubigen Katholiken wirklich so groß?
Nicht allzu groß, auch in Südamerika nicht; manche Bischöfe in Südamerika denken gar nicht daran, etwa das Kondom zu verbieten. Der Vatikan findet, das ist eine Sünde, und macht den Menschen ein schlechtes Gewissen.

Darf ich noch einmal zum Thema Islam fragen? Hat man in der Zeit, als Sie Bundeskanzler waren, die islamische Welt schon so differenziert wahrgenommen wie jetzt oder hat man die Araber hauptsächlich als Öllieferanten gesehen? Zur Zeit des Blockdenkens hat man auf die islamische Welt doch kaum geachtet, oder?
»Man« nicht, ich ja. Ich habe Sadat ja schon erwähnt. Aber im allgemeinen war das damals nicht üblich. Auch heute wird der Islam in Wirklichkeit nicht differenziert gesehen, sondern es werden am laufenden Band Vorurteile verbreitet. Selbst manchen Historikern ist nicht klar, daß die europäische Renaissance ohne die Araber in Andalusien, ohne Toledo und ohne Cordoba nicht möglich gewesen wäre. Die unglaubliche Rolle, die die Araber gespielt haben, indem sie mit großem personellen und finanziellen Aufwand die Schriften des Altertums in die Sprachen der Moderne übertragen haben: Das ist heute den meisten nicht bekannt. Wir würden Aristoteles nicht kennen, wenn es die Araber in Cordoba nicht gegeben hätte. Das wissen wir hier nicht; ich habe es auf der Schule jedenfalls auch nicht gehört.

Also, bei den Historikern ist es schon bekannt.
Ich bin nicht so sicher. Ich bin nicht sicher, daß zum Beispiel Heinrich von Treitschke sich darüber im klaren war.

Treitschke ist allerdings ein eher abschreckendes Beispiel. Für mich wäre es interessanter, zu erfahren, welche Historiker Ihnen einen besonderen Eindruck ge-

macht haben. Was denken Sie zum Beispiel über einen Mann wie Karl Dietrich Bracher?

Karl Dietrich Bracher könnte ich beinahe meinen Freund nennen. Er ist ein bißchen jünger als ich, drei, vier Jahre jünger. Er hat bald nach dem Kriege ein für die damalige Zeit ungewöhnliches, epochemachendes Buch über den Niedergang der Weimarer Demokratie geschrieben. Ich kannte Bracher damals nicht, aber ich bekam das Buch in die Hand. Bracher war derjenige, der mir klargemacht hat, daß man niemals wieder den Oberbefehl über die Streitkräfte so organisieren dürfe, wie es damals in der Weimarer Verfassung stand. Das habe ich von Bracher gelernt, ein wunderbarer Mann. Wir sehen uns heute bisweilen, weil er im Senat der Deutschen Nationalstiftung sitzt, und ich finde ihn heute genauso anregend wie damals vor beinahe fünfzig Jahren.

Wenn Sie in unserem Alter die Gelegenheit gehabt hätten, mit einem Politiker zu sprechen, mit wem hätten Sie gerne gesprochen?

Nun, als ich in Ihrem Alter war, da wären als Politiker in Frage gekommen: Goebbels oder Göring oder Hitler. Ich hätte mit keinem reden wollen. Das ist eine hypothetische Frage für mich. Es ist immer mißlich, Fragen nach dem Motto »was wäre gewesen, wenn« beantworten zu sollen. Mach ich nicht so gern.

Aber eine historische Gestalt aus dem Bereich Politik, die Sie gern kennengelernt hätten – die gibt es doch?

Den heute morgen von mir mehrfach erwähnten Perikles hätte ich gern kennengelernt. Ich hätte gern die Väter der amerikanischen Verfassung und der amerikanischen Unabhängigkeitserklärung kennengelernt; ein paar Leute der deutschen Paulskirche 1848 hätte ich gern kennengelernt, das ja. Ich hätte auch gern August Bebel kennengelernt, das muß ich zugeben.

Vielleicht auch Ebert?
Ebert hat mich eigentlich weniger fasziniert. Bebel schon. Besonders hat mich aber Lassalle fasziniert.

Und Marx?
Nee, Marx nicht. Weder Marx noch Engels. Engels noch 'n bißchen eher als Marx, aber beide in Wirklichkeit nicht sonderlich. Lassalle dagegen hat den Staat gelten lassen.

Ich hätte noch eine Frage zum Thema Islam. Sind Sie für muslimischen Religionsunterricht in deutschen Schulen?
Es kommt darauf an, wer ihn erteilt. Wenn Sie für muslimische Kinder in deutschen Schulen den Religionsunterricht anhand des Korans und der islamischen Tradition von einem muslimischen Prediger, einem Mullah erteilen lassen, auf arabisch oder türkisch, und gar nicht wissen können, was er erzählt, dann bin ich dagegen. Wenn er den Unterricht auf deutsch gibt, sieht die Sache für mich schon anders aus. Was in den hamburgischen Moscheen zum Teil gepredigt worden ist und heute noch gepredigt wird, das weiß keiner von uns Hamburgern. Auch auf diese Weise sind in westeuropäi-

schen Ländern übrigens einige islamistische Gewalttäter angeworben und weitergegeben worden. Daran kann kaum noch gezweifelt werden. Ich bin dafür, daß Schüler erstens in der Religion, zu der sie gehören, weil ihre Eltern sie dahin erzogen und dahin beeinflußt haben, etwas lernen. Darüber hinaus sollen sie aber, bitte sehr, auch ein bißchen über die anderen Religionen lernen. Es ist gar nicht so einfach, Lehrer zu finden, die das unterrichten können und die das auch wollen. Genauso bin ich dagegen, daß – was weiß ich – in einer Hamburger Schule der jüdische Religionsunterricht in Iwrith, der Koran-Unterricht in Arabisch oder in Türkisch gegeben wird – man weiß zwar nicht, was der Lehrer sagt, finanziert ihn aber als Steuerzahler.

Wir haben unter idealistischen Vorstellungen, geboren aus der Erfahrung des Dritten Reichs, viel zu viele Ausländer hereingeholt. Wer politisch verfolgt ist, genießt Asyl, so stand es früher kurz, einfach und verständlich im Grundgesetz. Darauf haben sich allzu viele berufen, wir haben sie alle hereingeholt – das hätten wir eigentlich nicht gemußt. Wir haben heute sieben Millionen Ausländer, bei einer Gesamtbevölkerung von 81, 82 Millionen, die nicht integriert sind, von denen die wenigsten sich integrieren wollen, denen auch nicht geholfen wird, sich zu integrieren. Wer hier zur Schule geht als Kind von muslimischen Eltern, die in den sechziger Jahren hergekommen sind, hat es schwer, Deutscher zu werden, er darf auch gar nicht eingebürgert werden, er hat tausend Hürden zu überwinden, und wenn er es denn schafft, dann bestenfalls Doppelstaatlichkeit. Es gibt zwei Möglichkeiten für einen Ausländer: Entweder ist er ein Gast in einem anderen Land, oder aber er will einwandern. Dann muß er sich langsam, aber sicher – ein schwieriger Prozeß – mit dem neuen Vaterland identifizieren und muß Staatsbürger werden. Wenn er Gast ist, hat er einen ganz anderen Status, dann hat er weder Wahlrecht noch Anspruch auf Rentenversicherung, Krankenversicherung oder Arbeitslosenversicherung. Diese Unterscheidung ist verlorengegangen.

Das fing schon zu Regierungszeiten von Adenauer an. Da haben wir Türken hereingeholt – die waren die Masse – und Jugoslawen und Italiener und Portugiesen. Die Portugiesen und Italiener sind weitgehend wieder nach Hause gegangen, die Türken und Jugoslawen nicht. Die Jugoslawen gibt es ja in Wirklichkeit gar nicht; man hat sich damals eingebildet, daß es so etwas gäbe wie eine jugoslawische Nation; das ist reiner Unfug, hat man aber zu der Zeit nicht besser gewußt. Herr Erhard hat bewußt die Leute hereingeholt, weil er geglaubt hat, er brauche die Arbeitskräfte, aber es war schon ein großer Fehler. Und jetzt sitzen wir da mit einer sehr heterogenen, de facto multikulturellen Gesellschaft, de facto, und werden damit nicht fertig. Wir Deutschen sind unfähig, die sieben Millionen alle zu assimilieren. Die Deutschen wollen das auch gar nicht, sie sind innerlich weitgehend fremdenfeindlich.

Die Deutschen?

Ja, ja.

Sie meinen, das deutsche Volk ist fremdenfeindlich, aber die Regierungen waren zu fremdenfreundlich?
Ja, so kann man es vielleicht ausdrücken. Die Regierungen waren nicht fremdenfreundlich, aber sie haben, später auch unter dem Druck der Grundgesetzvorschrift, von der ich sprach – politisch Verfolgte genießen Asyl –, gemeint, sie müßten verfassungsgehorsam sein. Einige haben es sogar für ihre moralische Pflicht gehalten zu sagen: Kommt her zu uns, ihr, die ihr mühselig und beladen seid, kommt alle nach Deutschland, wir haben es ja. Das war materiell vielleicht noch zu schaffen, aber ideell sind wir bisher der Sache nicht gewachsen gewesen.

Halten Sie es für sinnvoll, das Volk mehr an der Politik teilhaben zu lassen in Form von Volksabstimmungen oder Direktwahlen?
Für Direktwahl bin ich sehr, gegenüber Volksabstimmungen bin ich reserviert. Eine Volksabstimmung über eine komplizierte Frage führt oft zu einem Zufallsergebnis. Eine Volksabstimmung über die Einführung des Euro hätte bei uns nur schiefgehen können. Aber eine Direktwahl ist eine Zustimmung zu einer Person. Zustimmung zu einer Person, das traue ich dem Volk ohne weiteres zu. Da habe ich ein Bild von Frau Merkel oder von Herrn Merz oder von Herrn Stoiber – oder von Herrn Schröder oder vom Herrn Trittin. Wenn die in einem Wahlkreis zur direkten Wahl stünden, das wäre eine gesunde Sache. Da würden sicherlich auch Leute gewählt werden, die nicht so erfreulich sind, aber die haben dann das Vertrauen einer Mehrheit der Wähler in ihrem Wahl-

kreis. Direktwahl ja. Aber eine Volksabstimmung über die Eisenbahntarife oder über die Besoldung von Juniorprofessoren oder über eine Währungsfrage oder eine Kreditfrage – um Gottes willen!

Eine Volksbefragung über die Frage der Zuwanderung?
Die würde sehr negativ ausgehen. Es kommt natürlich auf die Fragestellung und -formulierung an, aber die würde wahrscheinlich ein schreckliches Ergebnis bringen. Die ganze Fremdenfeindlichkeit, die latent in unserem Volk steckt, würde zum Ausdruck kommen. Eine Abstimmung über Europa würde übrigens auch nicht viel besser ausgehen, obwohl durch die Geschichte der letzten fünfzig Jahre eine ganze Menge an Aufklärung in die Köpfe der Deutschen eingedrungen ist. Aber nehmen Sie mal den Euro. Die Franzosen mußten aufgrund ihrer Verfassung darüber eine Volksabstimmung machen, und die hat geendet mit 52 zu 48 Prozent, sie hätte beinahe schiefgehen können. Wenn wir in Deutschland darüber eine Volksabstimmung hätten machen müssen, wäre die schiefgegangen; wir hätten mit Mehrheit gesagt nein, ohne uns. Nicht zuletzt übrigens aufgrund der Propaganda durch die Bundesbank und einige hochwohllöbliche Professoren und ähnliche Autoritäten.

Komplizierte Fragen durch eine Volksabstimmung zu entscheiden, würde ich zögern. Da fehlt es einfach an Überblick und Urteilskraft. Sie können auch nicht in die Verfassung schreiben »Volksabstimmung über Fragen des Religionsunterrichts ja, aber Volksabstimmung über die Frage der Kreditpolitik des Staates nein«. Entweder müssen Sie das Feld öffnen, und dann kommt es auf die jeweiligen Politiker an, die irgendein Problem zum Volksbegehren und anschließend zum Volksentscheid führen, um die beiden Begriffe, um die es hier geht, einmal zu zitieren. Aber wenn der Volksentscheid eine verfassungsrechtliche Möglichkeit ist, dann müssen Sie in einer Massen-Demokratie mit groben Fehlentscheidungen rechnen.

Es ist übrigens viel leichter, in Deutschland eine Psychose für oder gegen etwas zu erzeugen, als etwa in der Schweiz. Die Schweiz hat den Volksentscheid geübt seit Generationen, und auch die Eigenständigkeit der Kantone spielt eine riesige Rolle. In Appenzell-Außerrhoden haben die Frauen erst vor wenigen Jahren das Wahlrecht bekommen; bis vor wenigen Jahren war es noch so, daß das Volk dort zu den Volksabstimmungen, bitte sehr, mit dem Schwert in der Hand auf dem Marktplatz zu erscheinen hatte. Frauen waren ausgeschlossen – abgesehen davon, daß die auch kein Schwert hätten tragen dürfen.

Und Sie glauben, im Parlament ist mehr Sachverstand? Zum Beispiel genügend Sachverstand, um etwa globale wirtschaftspolitische Fragen zu entscheiden?

Ich glaube nicht, daß der Sachverstand immer genügt. Jedenfalls sind aber Sachverstand und Erfahrung im Parlament größer als in der Masse des Volkes, das glaube ich schon. Wenn Sie zum Beispiel volkswirtschaftliche Entscheidungen der Gesamtheit der Professoren der Nationalökonomie überlassen würden, dann würde ziemlicher Mist herauskommen.

Das ist richtig. Das Europäische Währungssystem und der Euro sind auch gegen den massiven öffentlichen Widerstand der überwältigenden Mehrheit aller VWL-Professoren in diesem Land durchgesetzt worden. Aber noch wissen wir ja nicht, ob das Experiment auch glückt, oder?

Ja, da steht Ihnen noch einiges bevor.

Weil Sie als einer der Mitbegründer des EWS es so wollten. Wenn das Experiment schiefgeht, wer haftet eigentlich dafür, die Politiker?

Ja, Sie können nachträglich auf meinen Grabstein drei Kreuze machen. Haften? Ich will es so formulieren: Die Wahrscheinlichkeit, daß es mit dem Euro schiefgeht, ist gering. Die Wahrscheinlichkeit, daß die darin liegenden großen Möglichkeiten nicht voll ausgenutzt werden, ist groß.

Mußte denn die D-Mark unbedingt zu Grabe getragen werden? Wollten Sie das wirklich?

Ja. Die D-Mark mußte ersetzt werden, ich habe das immer gewollt und bin einer derjenigen, die dafür eine gewisse Mitverantwortung tragen, auch noch nach meiner Amtszeit. Giscard d'Estaing und ich haben gemeinsam mit einer Reihe europäischer Industrieller und europäischer Bankiers in der Mitte der achtziger Jahre ein Komitee gegründet, das die Ersetzung von vierzehn Währungen der Europäischen Union durch eine gemeinsame Währung gewollt hat – vierzehn, weil die Luxemburger so klug waren, auf eine eigene Währung zu verzichten. Tatsächlich sind es heute zwölf Staaten, drei sind draußen geblieben einstweilen – die Engländer, die Dänen und die Schweden –, wahrscheinlich werden die nach ein paar Jahren noch dazustoßen. Ja, ich habe das gewollt.

Die D-Mark wurde geliebt. Es wird mindestens ein Jahrzehnt dauern, bis es beim Euro soweit ist ...
Nein, es dauert weniger als ein Jahr. Schon Ostern oder spätestens Pfingsten haben die Leute fünfmal ihr Monatsgehalt oder ihren Lohn in Euro auf ihr Konto überwiesen bekommen. Drei-, vier-, fünfmal ist die Miete in Euro abgebucht worden von ihrem Konto. Sie kriegen ihre Kontoauszüge in Euro. Sie bezahlen ihre Zigaretten oder ihre Feuerzeuge oder ihren Kaffee längst in Euro. Die Aufregung wird ganz schnell vergehen.

Was werden Ihre Zigaretten in Euro kosten?
Keine Ahnung. Ich werde sie jedenfalls bezahlen können.

Für wieviel D-Mark rauchen Sie am Tag?
Weiß ich auch nicht.

In etwa.
Eine Packung.

Eine Packung nur?
Ja, wenn Sie dabeisitzen, dann zwei. Sie regen mich auf.

Es waren immer Mentholzigaretten, nicht wahr?
Jedenfalls die letzten 25 Jahre.

Und davor?
Das weiß ich nicht mehr. Doch. Wie hieß die denn? Salem hieß die, nicht? Hieß die so, Salem?

Das ist deutlich vor meiner Zeit.
Aber da Sie Historiker sind oder sein wollen, haben Sie das gefälligst zu wissen. Das ist ein Teil der Kulturgeschichte.

Ich bin kein Archäologe!
Er ist ein Schmalspurmensch.

Haben Sie irgendwann versucht, mit dem Rauchen aufzuhören?
Versucht habe ich es nicht, nein. Ich habe mal versucht, auf Pfeife umzusteigen, aber als lebenslänglicher Zigarettenraucher habe ich immer dazu tendiert, die Pfeife zu inhalieren, und das ist nicht recht bekömmlich. Da bin ich zur Zigarette zurückgekehrt. Heute, beinahe 83 Jahre alt, sagt mein Arzt, ein erfahrener Internist: Schmidt, lassen Sie sich von keinem Doktor einreden, daß Sie aufhören sollen zu rauchen. Wenn Sie aufhören zu rauchen, gehen Sie ein. Ihre Gefäße sind längst so auszementiert, da kann nichts mehr passieren.

Ist das eine Sucht?
Natürlich ist das eine Sucht, ja. Es tut aber niemandem weh, nicht mal mir selbst.

Und der Schnupftabak, was ist das?
Ist dasselbe, das ist nur eine andere Form von Nikotin.

Was würden Sie als Ihr größtes Laster bezeichnen?
Mein größtes Laster? Ich bin frei von Lastern.

Können Sie die Antwort bitte noch mal geben – das war ja keine.
Das weiß ich nicht. Ich habe noch nicht darüber nachgedacht. Wenn ich darüber nachdenken würde, würde ich als Ergebnis wahrscheinlich die Antwort verweigern.

Sie galten – und gelten noch heute – als arbeitswütig. War das immer so?
Nein, nicht ganz so ausgeprägt. Die Schwerarbeit fing eigentlich erst Mitte der sechziger Jahre an, als ich zum zweiten Mal nach Bonn gegangen bin. Von da ab habe ich jeden Tag 16 oder 17 manchmal 18 Stunden gearbeitet. Vorher nicht – ein Hamburger Senator braucht sich nicht totzuarbeiten.

Und ein Bundeskanzler?
Der schon eher. Das erste halbe Jahr war es eine unglaubliche Arbeitsanstrengung. Man mußte vieles neu durchdenken, durch andere Leute durcharbeiten lassen und deren Ergebnisse ein zweites Mal durcharbeiten. Ich bin so angelegt, daß ich Entscheidungen fast immer erst getroffen habe, nachdem sie von mehreren Leuten durchdiskutiert waren. Und an den Diskussionen habe ich mich auch selbst beteiligt.

Was ist der körperliche Preis, den man zahlt in diesem Amt?
Das können Sie an Brandt sehen, das können Sie an mir sehen. Einen solchen jahrelangen Streß halten nur wenige ohne gesundheitliche Schäden durch. Es scheint so, als ob Kohl es durchgehalten hat, ohne Beschädigung, es könnte sein, daß er eine Ausnahme ist. Aber sonst ... Der erste Herzschrittmacher kam wohl Ende der siebziger oder Anfang der achtziger Jahre. Inzwischen habe ich schon den vierten.

Es heißt, Sie hätten während Ihrer Kanzlerschaft zwölfmal das Bewußtsein verloren. War das Streß, oder was war das? In welchen Situationen ist das passiert?
Also, zwölfmal ist untertrieben. Die Ärzte sind sich darüber einig, daß sie nicht herausgefunden haben, was die Ursache war, und wenn ich sage die Ärzte, dann heißt das Neurologen, Internisten und Kardiologen zusammen. Es waren immer nur Sekunden, maximal Minuten. Ob das Streß war, ob es im Hirn war oder im Sinusknoten, ich weiß es nicht. Jedenfalls ist es vorbei.

Waren Sie nicht alarmiert, zumal wenn Sie an Brandt dachten, an dem Sie ja den körperlichen Verschleiß durch das Amt beobachtet hatten?
Nein, ich war nicht alarmiert. Ich war in Koblenz und in Bonn in ausgezeichneten ärztlichen Händen.

Und Sie haben weiter geraucht.
Ja, natürlich.

Sie haben Ihre Lebensweise also kein bißchen geändert?
Nein. Ich hatte vorher das getan, was ich für meine Pflicht hielt, vielleicht war es ein bißchen übertrieben gewesen, und ich habe nachher getan, was ich für meine Pflicht hielt – vielleicht war es wiederum übertrieben. Aber warum sollte ich meinen Lebensstil und meinen Arbeitsstil ändern. Außerdem wäre das den Leuten komisch vorgekommen. Dann hätten sie plötzlich gefragt: Ist der krank, der raucht ja nicht mehr, der geht ja so früh zu Bett – stimmt bei dem etwas nicht mehr?

Ich würde das Stichwort Gesundheit gern aufgreifen. Das ist mein Thema, weil ich als angehende Zahnärztin damit täglich zu tun habe. Immer wieder wird gesagt, wir wollen keine Zweiklassenmedizin. Wir haben sie aber schon längst. Warum will der Wahrheit niemand ins Gesicht sehen?
Im 19. Jahrhundert hatten wir eine Einklassenmedizin, das war die Medizin für die Oberklasse – im wesentlichen. Der Industriearbeiter starb im Durchschnitt mit 67 Jahren – seine Witwe lebte noch zwei oder drei Jahre länger –, weil es für ihn keine wirksame Gesundheitspflege gab. Später hat sich in den zivilisierten Staaten, jedenfalls in den europäischen Gesellschaften, etwas entwickelt, was man heute Zweiklassenmedizin nennt – das Wort hat mir einen etwas zu negativen Unterton –, weil nämlich die sozialdemokratischen Parteien in den europäischen Staaten eine allgemeine Gesundheitsfürsorge eingeführt haben. Es gab auch Konservative, die das vor-

sichtig betrieben haben, aber vor allem, um den Arbeiterparteien das Wasser abzugraben. Bismarcks Sozialversicherung der achtziger Jahre des 19. Jahrhunderts ist nicht so sehr aus Fürsorge gemacht worden, sondern vor allem wohl, weil er den Gewerkschaften und den Sozialdemokraten das Wasser abgraben wollte. Gleichwohl war es eine gute Sache, die ganze spätere Sozialversicherungsgesetzgebung hat auf Bismarck aufgebaut. Das führte schon zu Bismarcks Zeiten zur Invalidenversicherung, später zur Krankenversicherung, dann zur Arbeitslosenversicherung. Weil es immer noch Leute gibt, die ihren Arzt privat bezahlen und von ihm infolgedessen besser und sorgfältiger behandelt werden, nennen Sie das jetzt abschätzig eine Zweiklassenmedizin. Der eine kommt in ein Einzelzimmer im Krankenhaus, die anderen kommen in Mehrbettzimmer – das ist richtig. Es hat nie eine die ganze Gesellschaft deckende Einklassenmedizin gegeben. Die wird es auch nie geben.

Aber Deutschland schneidet, was die Gesundheitsvorsorge angeht, im internationalen Vergleich hervorragend ab. Es gibt kaum einen anderen Industriestaat auf der Welt – und das schließt Japan ein, schließt Amerika ein –, in dem ein so großer Anteil des Sozialprodukts für Gesundheit ausgegeben wird. Daß dabei manches unerfreulich ist, sehe ich auch, aber ich sehe nicht, wie das im Grunde geändert werden kann. Zumal wir in eine Phase eingetreten sind, in der die Menschen immer älter werden, dank der Gesundheitsvorsorge, und andererseits, dank der Emanzipation der Frauen, immer weniger Kinder auf die Welt gebracht werden, das heißt, immer weniger Leute nachwachsen, die durch ihre Steuern und durch ihre Sozialversicherungsbeiträge die Renten oder die Krankenhauskosten für die alten Leute finanzieren. Das ist nicht nur ein deutsches Problem, Sie können es ganz genauso studieren in unseren Nachbarländern in Westeuropa. Das sind alles Gesellschaften, die überaltern, in denen die Vitalität nachläßt – die Statistiker nennen das die Reproduktionsrate, sagen Sie mir mal ein anständiges Wort dafür ...

Ich hätte jetzt gesagt: Netto-Reproduktionsrate.
Das ist ja noch schlimmer. Also, eine Gesellschaft, in der das Gleichgewicht zwischen alternden Menschen an der Spitze der Pyramide und nachwachsenden Jungen gestört ist. Die deutsche Bevölkerungspyramide ist schon längst keine mehr, sondern die sieht so aus: relativ schmale Basis, dann ein Bauch, oben ziemlich platt, keine Spitze. Der Bauch schiebt sich Jahr für Jahr immer weiter nach oben. Das wird dazu führen, daß wir entweder uns damit abfinden müssen, einen immer größer werdenden Anteil unseres Sozialproduktes für die Gesundheit aufzuwenden, oder uns damit abfinden müssen, daß wir nicht jeden Menschen, der vielleicht eine kleine Chance hat, diesmal noch zu überleben, auf die Intensivstation legen. Die Intensivstation ist ganz besonders teuer. Ich weiß nicht, was ein Bett in der Intensivstation einer Klinik mit all den Apparaten und all dem Pflegepersonal pro Tag kostet, wahrscheinlich Tausende von Mark pro Tag. Da

können natürlich Politiker sich einbilden, sie hätten eine Lösung für dieses Problem. Eine wirkliche Lösung läge im Kinderkriegen.

Vielleicht liegt ein Problem darin, daß unsere Gesellschaft Krankheit und Tod nicht akzeptiert – ganz im Gegenteil. Durch die Diskussion um die Gentechnologie wird der Boden bereitet für eine Entwicklung, die uns verspricht: Wir werden älter, gesünder, schöner, möglicherweise gar nicht mehr krank. Kann man diesen ethischen Diskurs denn überhaupt in eine andere Richtung steuern?

Würden Sie sich hinstellen wollen auf dem Marktplatz und sagen: Ich bin dafür, daß die Leute nicht in die Intensivstation kommen, laß sie doch sterben?

Ich könnte mir schon vorstellen, öffentlich zu vertreten, daß es Grenzen gibt in unserem Anspruch an die Medizin.

Sie können für sich selbst entscheiden: »Ich will nicht auf die Intensivstation, laßt mich sterben«, das können Sie für sich selber sagen. Aber können Sie das auch für den Nachbarn oder für die Frau des Nachbarn sagen? Das weiß ich nicht. Ich weiß auch nicht, wer diese Fragen überhaupt entscheiden kann. Ich weiß nur, daß es Ärzte gibt, die jeden Tag in ihrer Klinik entscheiden müssen, ob der Patient X oder die Patientin Y noch einmal soundsoviel Tage oder Wochen auf der Intensivstation bleiben sollen oder nicht. Dann müssen sie entweder den Angehörigen klarmachen, es hat keinen Sinn mehr, oder sie müssen die Entscheidung treffen, ohne die Angehörigen zu konsultieren. Diese Ärzte sind in einer schrecklichen Lage. Und ich weiß nicht, ob eine öffentliche Diskussion über die Frage ihnen helfen könnte. Eigentlich dürften an einer solchen Diskussion keine jungen Leute teilnehmen, weil sie gar nicht wissen, wovon die Rede ist. Darüber müssen eigentlich Leute befinden, die Familie und Kinder haben.

Auch junge Leute können Menschen verlieren.
Ja, natürlich, aber ich würde mich zum Beispiel dagegen wehren, wenn ein Parlament von Dreißig- oder Vierzigjährigen generell entscheiden würde: Nach sieben Tagen Intensivstation ist Schluß. Denen würde ich die Lebenserfahrungskompetenz abstreiten.

Wie weit soll ein gesetzgeberischer Einfluß in diesen Fragen dann gehen?
Das weiß ich nicht. Ich habe darüber nicht genug nachgedacht, das war nie mein Aufgabenfeld. Jedenfalls weiß ich, daß gegenwärtig eine Reihe von Ärzten – meistens Internisten oder Kardiologen – mit schrecklicher Verantwortung belastet ist. Das ist mir ganz klar. Wahrscheinlich ist es gar nicht so schlecht, daß das Problem bei den Ärzten und möglicherweise den nächsten Angehörigen des Patienten bleibt. Bei einer Regelung durch Gesetz hätte ich große Bedenken.

Als Arzt habe ich einen Kassenpatienten nicht nur medizinisch, sondern auch immer wirtschaftlich sinnvoll zu verarzten. Aber keine Karies ist wirtschaftlich. Ha-

ben Sie eine Vorstellung, wie man diesen Spagat hinkriegen kann: die Medizin wirtschaftlich zu betreiben?
Sie können versuchen, die Kosten für Medikamente zu reduzieren, indem Sie eingreifen in die pharmazeutische Industrie und in das Apothekenwesen. Sie können versuchen, die Kosten für die Ärzte und das Hilfspersonal der Ärzte zu reduzieren, das heißt auf deutsch, die ärztlichen Honorare zu beschränken. Sie können aber nicht im Ernst versuchen, die Krankenhauskosten zu reduzieren. Ein Krankenhaus muß saubergehalten werden; trotzdem gibt es Hospitalismus in fast jedem Krankenhaus. Hier können Sie nicht sparen. Die ganze Idee, die Gesundheitskosten zu senken, scheint mir persönlich – aber ich bin ein Dilettant und Laie auf dem Feld – abwegig.

Und das heißt in Konsequenz?
Daß Sie sie bezahlen müssen. Unter dem Strich heißt das: mehr für Gesundheit und weniger für die Reise nach Mallorca.

Die Kosten sollen privat getragen werden?
Ob privat oder vom Staat, das macht in Wirklichkeit keinen großen Unterschied. Sie müssen immer aus dem Einkommen der Gesellschaft getragen werden. Sie können aber nicht einem Autoschlosser in Wolfsburg, der ein halbes Leben bei VW gearbeitet hat, in der zweiten Hälfte seines Lebens sagen: »Wir heben die staatliche Krankenversicherung auf, versichere dich gefälligst selber.« Da wäre ich sehr zurückhaltend.

Wo liegt das prinzipielle Problem? In anderen Bereichen machen wir es ja auch – über die Versicherungspflicht, aber nicht über die Pflichtversicherung. Gerade im Zusammenhang mit der Wirtschaftlichkeit läge das ja nahe.

Ich glaube im Ernst nicht, daß eine private Gesundheitsvorsorge das Ganze wirklich billiger werden läßt. Ich habe nichts dagegen, wenn Leute sich privat gegen alle möglichen Risiken versichern. Man kann sich aber gegen das Risiko, krank zu werden und eines Tages zu sterben, möglicherweise langsam hinzusterben, oder gegen Alzheimer oder gegen Parkinson nicht wirklich versichern. Auf dem Papier, ja. In Wirklichkeit müssen Sie Parkinson oder Alzheimer ertragen und sind auf jahrelange Pflege angewiesen. Aber ich wiederhole noch einmal: Ich habe mich nie berufen gefühlt, auf dem gesundheitspolitischen Felde irgendwelche Vorschläge zu machen, weil ich das Problem in Wirklichkeit nicht für lösbar halte.

Was zeigt, daß auch Bundeskanzler nicht Generalisten sein müssen.

Die müssen eine ganze Menge verstehen, aber sie müssen nicht alles verstehen wollen. Es ist nicht notwendig, daß ein Bundeskanzler beispielsweise etwas von Kunstgeschichte versteht; es ist wünschenswert, aber es ist nicht notwendig. Es ist nicht notwendig, daß er Schach spielen kann; es ist nicht notwendig, daß er Klavier spielen kann. Es ist wünschenswert, aber nicht notwendig. Trotzdem muß er von vielen Dingen möglichst genug verstehen.

Ein Thema, von dem Sie sicher genug verstehen, ist die Finanzpolitik, das klang ja heute schon mehrfach an. Haben Sie mittlerweile Ihre Steuererklärung verstanden?
Nein.

Das ist ein legendäres Wort von Ihnen. Dabei verlangen Sie ja immer, daß man sich so weit in Dinge hineinarbeitet, daß man sie irgendwann einmal versteht.
Ich habe nur verlangt, daß die Steuererklärung so gestaltet wird, daß ich sie verstehe. Ich bin nicht so ganz dumm, und trotzdem verstehe ich sie heute noch nicht. Ich kenne auch niemanden, der seine Steuererklärung mit allen Implikationen selber aufstellen kann. Dabei steht auf dem Formular, blödsinnigerweise, daß Sie mit Ihrer Unterschrift bestätigen, daß alle Angaben in diesem vier oder acht Seiten langen Papier korrekt sind, was Sie gar nicht übersehen können.

Aber auch Sie haben es zu Ihrer Regierungszeit nicht geschafft, die Steuergesetzgebung einfacher zu machen, warum nicht?
Weil, erstens, alle Leute im Parlament in ihrem Hang nach Gerechtigkeit und, zweitens, viele Leute im Parlament in ihrem Hang, für ihre jeweilige Klientel etwas herauszuholen, die Steuergesetzgebung immer nur noch komplizierter gemacht haben, als sie vorher schon war. Die Steuergesetzgebung des Jahres 1949 war relativ durchsichtig. Als ich nach dem Kriege in reifem Mannesalter studiert habe, habe ich nebenher – jobben nennt man das heute –

für Tankstellenbesitzer und Einzelhändler die Steuererklärung gemacht. Das war relativ einfach, das war alles unkompliziert. Das könnte ich heute nicht mehr.

Das heißt, wir können uns darauf einrichten, daß die Steuergesetzgebung sich nicht ändern wird. Es wird kein Dreistufenmodell geben, nichts Einfaches. Es liegt offenbar in der Natur der Sache, daß ein so komplexes Problem nicht lösbar ist?

Nein, das liegt nicht in der Natur der Sache, es liegt in der Natur des Parlaments. Die Gerechtigkeitssucht der Abgeordneten und ihre Interessenpolitik, bestimmten Gruppen zu helfen, der Landwirtschaft oder der Schiffbauindustrie oder der Luftfahrtindustrie oder den Banken – das wirkt sich fatal aus. Da gibt's immer Leute im Parlament, die wollen dieses begünstigen oder jenes begünstigen – zum Beispiel Steuerfreiheit bei der Veräußerung von Tochterunternehmen –, und alle wollen immer noch mehr Gerechtigkeit und machen es immer noch komplizierter.

Man kann versuchen, einiges über Regeln zu organisieren. Ich nehme mal das einfache Beispiel der Staatsverschuldung, ein Instrument, mit dem die Politik normalerweise nicht vernünftig umgeht. Man könnte doch die Staatsverschuldung einfach per Regel verbieten.

Ja, das stellen Sie sich an Ihrer Universität so vor …

Nein, das stelle ich mir nicht nur an der Universität vor, das zeigt auch die Erfahrung. Es ist völlig aussichtslos,

von einem Parlament, das das Recht hat, sich im Grunde nahezu unbegrenzt zu verschulden, die Vernunft zu verlangen, es nicht zu tun. Das funktioniert nicht. Die Amerikaner haben es über Regeln ja auch geschafft, die Verschuldung zurückzufahren.

Nein. Es gibt in Amerika kein Gesetz, das die Verschuldung des Staates verbietet. Und Sie werden im Laufe der nächsten zehn Jahre erleben, daß die amerikanische Staatsverschuldung wieder steigt. Daß Staaten Kredite aufnehmen, das stammt schon aus dem alten Rom. Das war im ganzen europäischen Mittelalter so, und das muß auch heute so sein. Dänemark zum Beispiel hat im Laufe der letzten zehn Jahre drei riesenhafte Brücken gebaut, eine von Jütland nach Fünen, eine von Fünen nach Seeland und eine von Seeland-Kopenhagen über den Sund nach Malmö. Eine riesenhafte Investition. Sollten die Dänen das aus dem laufenden Steueraufkommen finanzieren? Das können sie gar nicht. Natürlich müssen sie dafür einen Kredit aufnehmen. Die Dänen haben das gar nicht so dumm gemacht, jeder, der über die Brücke fährt, muß bezahlen. Und von diesen, Maut genannten Brückengeldern wird der Kredit, theoretisch, amortisiert. Wahrscheinlich funktioniert das in Dänemark auch eine Zeitlang ganz gut. Aber ohne Kreditaufnahme können Sie solche Riesenprojekte nicht finanzieren. Ein Verbot von Staatsschulden ist Unsinn.

Eine Begrenzung der staatlichen Schuldenaufnahme ist dagegen sinnvoll. Es gibt eine solche Begrenzung in der Europäischen Union durch den sogenannten Stabilitätspakt, und die Staaten der Europäischen Union, fünfzehn an der Zahl, bemühen sich alle, diese Begrenzung durch den Stabilitätspakt einzuhalten. Die Begrenzung lautet: Der Staat darf sich jährlich nicht höher verschulden als drei Prozent seines Bruttosozialprodukts. Man kann sich durchaus fragen, ob das eine vernünftige Begrenzung ist. Genausogut können Sie einen ganz anderen Maßstab wählen, etwa die Sparquote des eigenen Volkes. Ein Volk, das viel spart, dessen Staat darf sich höher verschulden als ein Staat, in dem überhaupt nicht privat gespart wird. In den USA liegt die Sparquote bei null oder sogar im Minus. Solange die private Sparquote in Amerika bei null lag, hätte sich der Staat, nach meinem Gefühl, eigentlich nicht weiter verschulden dürfen. In Wirklichkeit finanziert die amerikanische Volkswirtschaft sich zu einem ganz großen Teil mit den Ersparnissen anderer Völker: über 400 Milliarden Dollar Netto-Kapitalimport pro Jahr. Das ist mindestens genauso schlimm, wie es eine frische Staatsverschuldung in solcher Höhe wäre, die es im Augenblick in den USA nicht gibt; es gibt dort alte Staatsschulden, aber keine frische Staatsverschuldung. Amerika wird uns als leuchtendes Vorbild hingestellt: niedrige Steuern und keine Schuldenaufnahme. Aber andererseits – nun schon seit einer Reihe von Jahren – 400 bis 450 Milliarden Dollar Netto-Kapitalimport jährlich aus Europa, aus Japan, aus Asien, aus Rußland, aus Lateinamerika: Ob diese phantastische Bereicherung des reichsten Landes der Welt moralisch in Ordnung ist, da kann man ein dikkes Fragezeichen machen.

Die Maastricht-Kriterien sind eigentlich ein gutes Beispiel für das, was ich meine. Das ist etwas, was die Politik freiwillig für sich vereinbart hat. Man hat sogar das Gefühl, daß viele Politiker froh sind, daß sie so eine Regel haben, auf die sie sich berufen können. Den Wählern können sie dann sagen: Ich würde ja gerne Schulden machen und euch noch dieses oder jenes Geschenk zustecken, ich darf es aber nicht, weil ich diese Regel verbindlich vereinbart habe. Gibt es nicht noch viel mehr Bereiche, wo man Politik in dieser Form binden kann?

Je mehr Sie die Politik durch Gesetze binden, desto schwieriger wird es, anschließend noch Politik zu betreiben. Nehmen Sie mal die Möglichkeit, daß der Krieg in Afghanistan eine geographische Erweiterung erfährt – zum Beispiel nach Irak oder Somalia – und daß sich daraus eine Einschränkung der auf den Weltmärkten verfügbaren Quantitäten an Öl ergibt, indem Ölfelder in Brand gesetzt oder ausgebombt werden. Dann steigt der Ölpreis plötzlich auf 40 Dollar pro Barrel, dann gibt es möglicherweise eine Weltdepression – das wäre in solchem Falle nicht ganz auszuschließen. Das heißt: Aufträge werden weniger, Investitionen werden weniger, Umsätze werden geringer, Steuereinnahmen werden geringer, die Arbeitslosenzahlen steigen. Wenn es aber weniger Steuereinnahmen gibt, was soll der Staat dann machen? Soll er Beamte und Soldaten entlassen und Krankenhäuser schließen oder darf er eine Zeitlang Kredite aufnehmen in der Hoffnung, daß er damit die Zeit überbrückt, bis es wieder aufwärts geht? Wenn Sie ins Grundgesetz schrieben, der Staat darf keine Schulden aufnehmen, dann wären Sie hilflos in solcher Lage.

Die Maastricht-Kriterien lassen eine zyklische Bewegung von Staatsverschuldung und auch ein temporäres Überschreiten durchaus zu. Es geht nur um die Verpflichtung, das dann nachher wieder zu kompensieren und nicht jedesmal eine Stufe höher zu gehen mit der Staatsverschuldung. Dieses Problem scheint keine Regierung wirklich in den Griff zu kriegen.

Deswegen ist ja Hans Eichel ein guter Finanzminister, er hat das bisher ganz gut gemacht. Im übrigen gibt es genügend Begrenzungen, auch in der Kommunalpolitik. Sie kommen aus Detmold. Nehmen wir Ihre Vaterstadt Detmold. Wenn die Stadt einen gewissen Grad der Verschuldung überschreiten würde, käme der Regierungspräsident und stellte Detmold unter Kuratel. So ist das geregelt in Nordrhein-Westfalen, das ist gar nicht schlecht. Deswegen geben sich die Kommunalpolitiker in Detmold Mühe, innerhalb der Grenzen zu bleiben. Sie sind offenbar skeptisch? Ich kenne Detmold nicht genau genug. Ich bin auch nicht so sicher, ob es vernünftig ist, eine Stadt unter die Kuratel eines Regierungspräsidenten zu stellen. Letzten Endes muß die gewählte Vertretung der Stadt ihren Laden selbst in Ordnung halten.

Bevor wir jetzt eine Diskussion über die Fiskalpolitik von Detmold eröffnen, sollten wir lieber einen Blick auf die Gesamtwirtschaftslage werfen. Steckt Deutschland Ihrer Meinung nach bereits in einer Rezession?

Das Wort »Rezession« ist eigentlich ein amerikanisches Wort, kommt wohl aus dem amerikanischen Englisch, war in Deutschland nicht sonderlich geläufig. Das Wort meint etwas sehr viel Milderes als das Wort Depression – wie wir sie Ende der zwanziger Jahre erlebt haben –, es meint einen zyklischen Abschwung. Die Amerikaner haben das natürlich ganz genau definiert: wenn zwei Quartale nacheinander usw. ...

Dieser Definition nach dürften wir spätestens im vierten Quartal 2001 die Rezession in Deutschland festgestellt haben?

Nein, ich bin der Meinung, wir sind bereits seit Anfang des Jahres 2001 in einer Weltrezession, unabhängig von diesen Definitionsversuchen. Japan ist bereits seit mehr als zehn Jahren in einer Rezession; zwischendurch gab es mal kleine Aufschwünge, aber grundsätzlich geht es dort den Berg runter. Man kann die Weltrezession übrigens auch an den Rohstoffpreisen erkennen. Das Rohöl und auch das Erdgas sind gegenwärtig so billig wie seit vielen, vielen Jahren nicht, weil die Nachfrage, zum Beispiel im Luftverkehr oder im Seeverkehr, stark zurückgegangen ist. Im Aufschwung und insbesondere bei Hochplateaus der wirtschaftlichen Tätigkeiten ist die Gefahr der Inflation gegeben. Gegenwärtig haben wir es umgekehrt eher mit deflatorischen Tendenzen zu tun. Nicht nur in Deutschland, überall sind die Inflationsraten gering, praktisch zu vernachlässigen. In Japan haben Sie es ganz eindeutig mit einer Deflation zu tun, mit einem Rückgang von Preisen und Löhnen und allem, was dazugehört.

Kanzler Schröder nennt seine Politik die Politik der ruhigen Hand. Können Sie mir den Unterschied zwischen der ruhigen Hand und dem Aussitzen Helmut Kohls erklären?

Das Wort »aussitzen« stammt nicht von Kohl, das ist ihm von Journalisten aufgeklebt worden. Die Politik der ruhigen Hand gegenüber der heutigen Weltrezession ist, in meinen Augen, angemessen. Ich will es genauer ausdrücken: Die Vorschläge, die zum Teil aus Kreisen der Opposition, der Regierungskoalition oder auch der Europäischen Zentralbank gemacht werden – man sollte mehr Geld ausgeben oder aber die Zinsen weiter senken –, sind allesamt etwas leichtfertige Vorschläge. Dergleichen führt zu höherer Staatsverschuldung. Das müßte man dann in Kauf nehmen, wenn wirklich das Haus brennt, aber wir haben es eben nicht mit einer Katastrophe zu tun, nicht mit einer Depression, sondern mit einer Rezession.

Und wenn es doch zu einer Depression kommt?

In einem solchen Fall braucht man politische, aber auch ökonomische Maßnahmen, aber dann bitte nicht in Deutschland allein. Das muß dann ganz Nordamerika und die Europäische Union und Rußland und China und Japan einschließen, es muß dann eine Weltwirtschafts-Aktionsgemeinschaft geben. Wir haben ja schon einmal in den siebziger Jahren mit dem sogenannten Weltwirtschaftsgipfel vorexerziert, wie man so etwas macht. Aber eine solche Lage ist gegenwärtig reine Theorie, und infolgedessen ist gegenwärtig die Politik der ruhigen Hand richtig.

Auch, was die Arbeitslosigkeit angeht? Die war schon bei Ihnen ein Thema. Da stieg sie von 2,6 Prozent im Jahre 1974 auf 5,5 Prozent im Jahre 1977, das waren 1,24 Millionen Arbeitslose. Können solche niedrigen Zahlen jemals wieder erreicht werden?

Wir sind heutzutage bei einem Vielfachen. Der damalige Anstieg der Arbeitslosigkeit war eine Konsequenz der Weltrezession, der Ölpreisexplosion der Jahre 1973/74 und noch mal 1979. Was wir heute an Arbeitslosigkeit haben, hat andere Gründe. Die liegen nicht in erster Linie in der Weltwirtschaft, sondern im wesentlichen in der Überregulierung unserer Wirtschaft durch tausend Vorschriften und Genehmigungszwänge und, zweitens, in den etwas zu weit getriebenen sozialpolitischen Ausgaben. Und auf diese Struktur gewordene Arbeitslosigkeit kommt nun im Augenblick die Rezessionsarbeitslosigkeit obendrauf. In Deutschland kommt noch etwas anderes hinzu. Die deutsche Arbeitslosigkeit ist mindestens zur Hälfte bedingt durch die bisher nicht geglückte ökonomische Vereinigung des Ostens mit der Gesamtwirtschaft. Die Arbeitslosigkeitsquoten in den ostdeutschen Bundesländern sind mehr als doppelt so hoch wie im Westen; das hat nichts mit der Rezession zu tun.

Dann war es nur ein taktischer Fehler, 3,5 Millionen zu versprechen und zu sagen, das ist das wichtigste Ziel, und an diesem Ziel wollen wir jederzeit gemessen werden?

Es war kein Fehler zu versprechen, die Arbeitslosigkeit senken zu wollen. Sich auf eine Zahl festzulegen, das hätte ich sicherlich nicht gemacht. So wenig wie die vorangegangene Regierung Kohl, die immerhin seit der Vereinigung acht volle Jahre Zeit hatte, der wirtschaftlichen Entwicklung in den sechs ostdeutschen Ländern auf die Beine zu helfen, so wenig ist das in den letzten drei Jahren geschehen. Dem liegt ein falsches Grundverständnis zugrunde. Die Leute bilden sich ein, Marktwirtschaft regelt alles; aber sie haben keine Marktwirtschaft, sondern sie haben eine geregelte Wirtschaft. Und in Ostdeutschland haben sie überdies nicht genug Unternehmer und Selbständige. Sie machen aber den Unternehmern auch keinen Mut, auch den mittelständischen Unternehmern nicht – im Gegenteil, die Unternehmer werden durch tausend behördliche Vorschriften behelligt und abgeschreckt.

Mit diesen Worten kann man eine Regierung trefflich angreifen. Das passiert aus der Opposition im Moment wahrscheinlich nur deshalb nicht, weil es auf diesem Gebiet keinen echten Oppositionsführer gibt.

Richtig ist, daß die Opposition keinen politisch herausragenden Menschen hat mit einem klaren Konzept, auf welche Weise man die Wirtschaft in Sachsen, in Sachsen-Anhalt, in Thüringen, in Brandenburg, in Mecklenburg-Vorpommern und in

Berlin nach oben bringt. Der wahrscheinlich einzige, der von den heutigen Politikern eine klare Vorstellung hat auf diesem Feld, ist der sächsische Ministerpräsident Biedenkopf.

Jetzt befinden wir uns mitten im Wahlkampf.
Ich habe mich schon seit vielen, vielen Jahren an keinerlei Wahlkämpfen mehr beteiligt.

Warum nicht?
Weil ich nicht in die Tagespolitik zurückkehren möchte.

Gleichwohl haben Sie Gerhard Schröder bei der letzten Bundestagswahl öffentlich unterstützt.
Ja, ich habe das getan, indem ich auf dem Parteitag für zehn Minuten oder eine Viertelstunde aufgetreten bin. Das ist kein Wahlkampf.

Aber es ist aufgefallen. Zumal Sie es bei den Vorgängern nicht getan haben.
Ja, hatte ich auch guten Grund, das nicht zu tun.

Ein Wort von Ihnen hat natürlich großen Einfluß. Schröder wird Sie wahrscheinlich bitten ...
Das glaube ich nicht. Einfluß nehme ich durchaus auf die deutschen Dinge dadurch, daß ich Bücher schreibe, dadurch, daß ich in der ZEIT Artikel veröffentliche, dadurch, daß ich mit Ihnen rede. Natürlich hat das Einfluß, und das hat auch durchaus politische Hintergedanken.

Dieses Buch erscheint ein paar Monate vor den Wahlen. Müßten Sie konsequenterweise nicht sagen, daß Schröder der bessere Mann ist gegenüber einem Kandidaten Stoiber von der Union?

Stoiber als Kandidat ist ein ernstzunehmender Gegner und auch jemand, dem man zutrauen kann, daß er das Kanzleramt ausführen kann. Es ist eine komische Sache, daß man sich in der CDU/CSU heute in erster Linie darüber streitet, wer am meisten Stimmen gewinnt oder, genauer gesagt, wer den Abgeordneten der CDU/CSU-Fraktion garantieren kann, daß sie ihr Mandat wiederbekommen. Statt danach zu fragen, wer denn geeignet sei, anschließend Kanzler zu sein. Also, Stoiber könnte den Kanzler abgeben.

Über Franz Josef Strauß haben Sie einst gesagt, er sei deshalb nicht geeignet, weil er sich nicht unter Kontrolle habe.

Das würde ich auch heute, viele Jahre nach seinem Tode, noch für richtig halten. Ich habe durchaus die Qualitäten von Strauß, die Intelligenz und die Energie und die Vitalität gesehen, auch die Tapferkeit. Auch seine negativen Seiten habe ich gesehen; für mich entscheidend war der Mangel an Selbstkontrolle. Das Temperament ging mit ihm durch, und er hat infolgedessen häufig genug auch die Spielregeln verletzt. Das gilt für Stoiber nicht; Stoiber ist ein disziplinierter Mann.

Der sich in der Emotion nicht immer kontrollieren kann, als Redner nicht, als Interviewpartner nicht.
Das weiß ich nicht, das glaube ich auch nicht. Ich sehe, daß der Mann im Lauf der letzten fünf oder acht Jahre gewachsen ist. Wenn Sie noch im Ohr haben, was er zum Thema Europa, Europäische Union und gemeinsame Währung vor Jahr und Tag leichtfertig geredet hat, so ist das heute alles sehr viel überlegter. Er hat gearbeitet, hat nachgedacht. Natürlich, jedermann, der aus der Provinz – und Bayern ist genauso Provinz wie Niedersachsen – plötzlich an die Spitze eines 80-Millionen-Staates tritt, ist zunächst ein Anfänger, macht auch die Fehler eines Anfängers, zwangsläufig. Das würde bei jedem anderen auch so sein, so ähnlich, wie es auch bei Schröder gewesen ist.

Sie sagen also, sowohl Schröder als auch Stoiber sind in der Lage, das Kanzleramt zu führen. Was kann denn Schröder besser als Stoiber?
Bei beiden fehlt für mich ein entscheidendes Element. Helmut Kohl hat auf dem Papier einige vier Millionen Arbeitslose hinterlassen, in Wirklichkeit fünf oder beinahe sechs Millionen Arbeitslose. Das ist eine kardinale Erkrankung der deutschen Gesellschaft, die hat mehrere Ursachen, nicht nur eine einzige. Eine Arbeitslosigkeit in diesem Ausmaß haben wir, abgesehen von der ersten Nachkriegssituation, ein halbes Jahrhundert lang nicht gehabt. Und bisher ist nichts Entscheidendes passiert. Ich höre Reden. Aber ich höre weder von Stoiber noch von Frau Merkel, noch von Schröder, was sie eigentlich tun wollen, um das zu ändern.

Stoiber kann immerhin auf Bayern verweisen.
Daß es den Bayern gutgeht, ist nicht die Leistung von Stoiber. Ein Bundeskanzler kann vieles ändern; ein Ministerpräsident kann keine Wirtschaftspolitik machen. Das bilden sie sich zwar ein und sagen es auch dem Wählervolk, aber es stimmt nicht.

Daß es den Bayern relativ gutgeht, hat im wesentlichen historische Gründe. Erstens: Als der Krieg sich dem Ende näherte und die deutsche Katastrophe vor der Tür stand, ist eine Reihe erstklassiger deutscher Unternehmen und Institutionen so weit wie möglich vor den Russen weggelaufen, nämlich bis nach Oberbayern – Siemens zum Beispiel oder die Versicherungen oder die Max-Planck-Gesellschaft. Bayern war niemals ein High-Tech-Land gewesen, wurde es jetzt; es gibt keine Stadt in Deutschland, in deren Einzugsgebiet so viel Max-Planck-Institute angesiedelt sind wie in München. Zweiter historischer Grund: Franz Josef Strauß hat als Verteidigungsminister die Notwendigkeit erkannt, die deutsche Verteidigungsindustrie aufzubauen, und hat dafür gesorgt, daß alles nach Bayern kam. Daraus hat sich alles mögliche entwickelt, der Airbus ist ein Beispiel. Der dritte Grund liegt noch weiter in der Geschichte zurück. Im Gegensatz zu beinahe allen übrigen Bundesländern ist Bayern keine künstliche Schöpfung der Nachkriegszeit, sondern Bayern ist eine Schöpfung Napoleons. Es gibt diesen bayerischen Staat jetzt seit knapp zweihundert Jahren. Nordrhein-Westfalen ist eine Schöpfung der Alliierten, Niedersachsen ist eine Schöpfung der Alliierten, Schleswig-Holstein als Staat ist eine Schöpfung der Alliierten. Bayern ist ein arrondierter Staat mit einer Verwaltung, die bei Kriegsende im Prinzip in Ordnung war; sie mußte nicht erst aufgebaut werden wie anderswo, und sie mußte auch nicht aus dem Boden gestampft werden wie nach 1990 in Mecklenburg oder Sachsen-Anhalt oder Thüringen. Diese drei Vorzüge zusammen haben die Bayern geerbt, und Streibl und Stoiber haben das Erbe gut verwaltet.

Wenn Sie sagen, ein Ministerpräsident kann nichts tun, ein Kanzler aber viel, dann ist das eine versteckte Kritik an Gerhard Schröder. Im September, zum Zeitpunkt der Wahlen, rechnen alle, die sich damit beschäftigen, mit wiederum mindestens vier Millionen Arbeitslosen.

Die Zahl der Arbeitslosen wird nahe herankommen an die Zahlen, die Kohl hinterlassen hat, sie nicht ganz erreichen; so sieht es im Augenblick aus. Das allerdings ist nicht eine Folge von Unterlassungssünden durch die Regierung, sondern eine Folge der weltweiten Rezession, die ja nicht erst am 11. September eingesetzt hat, sondern schon das ganze Jahr 2001 überdeckt hat und die natürlich Europa und auch Deutschland in Mitleidenschaft zieht. Die von Kohl hinterlassenen Arbeitslosigkeitsziffern waren hingegen nicht das Ergebnis einer Weltrezession, sondern die waren zum einen das Ergebnis der unzureichenden Handhabung der wirtschaftlichen Vereinigung – jedes Jahr 130 bis

140 Milliarden öffentliche Gelder von West nach Ost, das hält kein Land aus, ohne daß es Spuren hinterläßt. Zum andern trifft – ähnlich wie überall in Europa mit den Ausnahmen Holland, Dänemark, vielleicht England – bei uns eine zu weit getriebene sozialstaatliche Fürsorge auf eine Gesellschaft, die schnell überaltert und die total überreguliert ist.

Schröder müßte etwas tun, denn daran wird er gemessen. Die Auseinandersetzung zwischen ihm und Stoiber wird wohl vor allem auf dem Feld der Wirtschafts- und Sozialpolitik geführt werden.

Ja. Einstweilen haben sie beide meine Begeisterung nicht ausgelöst.

Habe ich Sie recht verstanden, daß Sie Schröder und Stoiber für gleich gut, aber auch für gleich schlecht halten?

Nein, das habe ich nicht gesagt. Sie haben mich zunächst zu Stoiber befragt, und ich habe gesagt, dem traue ich zu, Kanzler zu sein. Das heißt nicht, daß ich ihn gleich gut finde wie Schröder. Das ist eine ganz andere Frage. Ich habe dann gesagt, beide haben das Defizit, daß ich von ihnen nicht höre, was sie wirklich tun wollen, um das Übel bei den Wurzeln zu packen.

Dann müßten Sie aber deutlicher sagen können, was die beiden unterscheidet: Was hat Schröder, was Stoiber nicht hat? Oder neigen Sie aus reiner Parteiloyalität zu ihm?

Nein, das ist es nicht. Man kann die gegenwärtige Leistung eines Bundeskanzlers mit der Leistung eines noch so tüchtigen Ministerpräsidenten eigentlich nicht vergleichen. Der eine hat zu verwalten, der andere hat zu regieren. Stoiber traue ich zu, daß er auch regieren kann. Das würde sich aber erst dann zeigen, wenn er jemals an die Spitze der Regierung käme. Das ist übrigens auch wieder so ein Unsinn, daß die Leute sich einreden, Stoiber sei nun Anfang sechzig, das wäre seine letzte Chance. Als ob er darauf erpicht sein müßte, nun unbedingt an die Spitze der Bundesregierung zu kommen, denn vier Jahre später sei er zu alt. Was für ein Quatsch!

Es wird Stimmen geben, die sagen, der Wahlkampf Schröder – Stoiber ist eine Neuauflage des Wahlkampfs Schmidt – Strauß. Wäre das eine grobe Beleidigung?
Das wäre keine Beleidigung und schon gar keine grobe, aber es wäre ein Irrtum.

Nichts Vergleichbares?
Die Situationen sind völlig verschiedene. In einem Punkt gibt es eine momentane Vergleichbarkeit, was das Ökonomische angeht. Als Strauß gegen mich antrat, befanden wir uns auch in einer Weltrezession. Das war die Folge der OPEC-Ölpreisexplosion. Jetzt sind wir wiederum in einer Weltrezession, und die wird auch im Herbst des Jahres 2002 keineswegs überwunden sein. Aber das ist die einzige Parallele.

Haben Sie 1980 ernsthaft geglaubt, Strauß könnte Kanzler werden?
Nein, dazu war ich zu selbstbewußt. Nein, das habe ich nie geglaubt. Insofern war ich gefühlsmäßig übrigens derselben Meinung wie Kohl. Der hat auch damit gerechnet, daß Strauß keine Chance haben würde.

Hat Stoiber 2002 eine größere Chance?
Das ist schwer zu beurteilen. Möglicherweise ist die Reaktion der Ostdeutschen auf den Bayern insgesamt eine andere als die der Westdeutschen insgesamt zu Straußens Zeiten. Die sechs östlichen Bundesländer stellen immerhin einen beträchtlichen Anteil, ungefähr ein Fünftel der Wählerschaft.

Macht Ihnen so ein Wahlkampf, wenn Sie ihn beobachten, noch Spaß oder langweilt es Sie?
Beides nicht, macht mir keinen Spaß und langweilt mich auch nicht. Es ist, wie man im Englischen sagt, fact of life. Muß man ertragen.

Aber Sie interessieren sich nicht mehr dafür?
Doch, interessieren tut's mich schon. Aber Wahlkämpfe sind nun mal wirklich nicht der Höhepunkt einer Demokratie. Das sieht nur so aus oder wird von euch in den Medien so dargestellt.

Ich habe sogar das Gefühl, Wahlkämpfe seien der Tiefpunkt der Demokratie.
Dem könnte ich eher zustimmen.

Koalitionsverhandlungen dienen aber auch nicht immer der Erbauung des Publikums. Wir haben das gerade in Berlin erlebt. Über Gregor Gysi haben Sie einmal gesagt, der sei ein begabter Oppositionssprecher, der gut in den Rotary Club passen würde. Demnächst wird er wohl beweisen müssen, daß er mit einem Haushalt umgehen kann, der extrem verschuldet ist.
Also, den Berliner Haushalt – den kann überhaupt keiner in Ordnung bringen. Das ist ein solcher Saustall, daß es einer mittleren Revolution bedarf, um den in Ordnung zu bringen.

Was genau ist eine mittlere Revolution?
Also Gysi ist sicherlich kein Ökonom und hat auch kein Fingerspitzengefühl für ökonomische Zusammenhänge. Ich glaube nicht, daß man ihn zum Finanzsenator machen sollte.

Was ist eine mittlere Revolution? Viele denken, die PDS ins Rote Rathaus zu setzen, sei das schon, weil das nun mal die ehemalige SED ist, weil das die alten Kommunisten sind.
Ja, das sehen viele Leute im Berliner Westen so, nicht so viele im Osten. Die PDS vertritt beinahe die Hälfte aller Leute im Osten, und von daher ist es im Prinzip wünschenswert, diese Vertreter einer Hälfte der Ostberliner Wählerinnen und Wähler in die Verantwortung zu ziehen. Wahrscheinlich ist es vier Jahre zu früh; jedenfalls ist die Wirkung auf die westlichen Wählerinnen und Wähler ziemlich negativ. Aber am Ende dieses ersten Jahrzehnts im neuen Jahrhundert, denke ich, wird man genauso wie in

Polen, wie in Ungarn, wie in Frankreich, wie in allen europäischen Ländern, auch ehemalige gewendete Kommunisten in den Regierungen finden.*

Auch im Bund?
Auch in Deutschland, ja. Aber nicht dauerhaft!

Das für den Bundestagswahlkampf 2002 kategorisch auszuschließen wäre demnach falsch?
2002 ist ein bißchen früh, mindestens vier Jahre zu früh.

Wir haben jahrelang über die sogenannten Brandt-Enkel geredet innerhalb der SPD. Einige davon sind nun gescheitert, wie zum Beispiel Lafontaine oder Engholm. Ist Schröder ein Schmidt-Sohn?
Das müssen Sie ihn fragen. Ich glaube, er würde das nicht so gern hören. Ich selber habe ihn jedenfalls nicht als einen solchen empfunden. Schröder ist ein Mann, der im Laufe seines Lebens erkennbar eine ganze Menge dazugelernt hat. Er ist mir heute politisch jedenfalls sehr viel näher, als er das vor 25 Jahren empfunden hat.

* Diese Passage des Interviews, die am 10. Dezember 2001 auf n-tv ausgestrahlt wurde, sorgte für einiges Aufsehen. Besonders empört reagierte die *Welt* in ihrem Leitartikel zwei Tage später. Helmut Schmidt hat darauf am 14. Dezember in einem Gastkommentar ausführlich geantwortet. Der Text wird im Anhang wiedergegeben.

Haben Sie gedacht, daß Sie als sogenannter Taufpate der Grünen diese Partei politisch überleben würden?
Die Grünen sind zum erstenmal ins Parlament gekommen 1983. Die haben zu meiner Zeit im Parlament keine Rolle gespielt.

Das beantwortet nicht meine Frage, ob Sie durch Ihre Ablehnung der Friedensbewegung im eigenen Lager diese eigentlich erst möglich gemacht haben.
Ja, ich kann die deutschen Journalisten nicht daran hindern, daß einer vom anderen diesen Unfug abschreibt.

Erkennen Sie denn die Partei, die damals in den Bundestag gezogen ist, in den heutigen Grünen wieder?
Nein, in keiner Weise. Ich kann mich gut an die Hamburger Grünen erinnern. Die stammten zum Teil aus kommunistischen Sektierergrüppchen, die haben sich als Grüne getarnt und nennen sich hier in Hamburg immer noch GAL – das heißt: Grüne und Alternative Liste. Was das Alternative nun eigentlich sein soll, ist bis heute nicht klar. Was das Anliegen der wirklich Grünen, der originär Grünen angeht, Naturschutz, Umweltschutz – in dieser Beziehung war ich ein Grüner, da gab es die Grünen noch nicht. Meine Frau genauso, seit vielen, vielen Jahrzehnten. Wir haben immer einen Teil unseres Geldes für solche Aufgaben gespendet, und meine Frau hat einen großen Teil ihres Lebens auf den Naturschutz verwandt. Aber zu glauben, daß jemand, der vom Naturschutz herkommt, auch schon etwas von Außenpolitik versteht oder von Finanzpolitik – das ist ein grober Irrtum.

Und wird sich auch erledigt haben als Generationenprojekt?
Kann so kommen, muß nicht so kommen. Wenn die Grünen auseinanderbrechen sollten, wird ein Teil von ihnen zu den Sozialdemokraten gehen, ein Teil wird in der inneren Emigration verschwinden, andere werden sich dem Naturschutz hingeben, wiederum andere werden zu den Kommunisten überlaufen. Ist in Wirklichkeit nicht wichtig. Die Grünen müssen noch lernen, daß man nicht gegen den Staat sein kann, wenn man ihn gleichzeitig regieren will.

Der Jüngste in der Runde ist bisher noch wenig zu Wort gekommen. Herr Blobel, bitte.

Ich bin jetzt 19 Jahre alt, stehe kurz vor meinem Abitur, was ich hoffentlich bestehen werde ...
Haben Sie Zweifel?

Manchmal.
Oha.

Aber ich denke schon, daß das gutgehen wird. Ich bin jetzt in einem Alter, wo ich mich entscheiden muß, ob ich Ersatzdienst machen möchte oder ob ich zur Bundeswehr gehen möchte. Wie würden Sie Ihrem Sohn angesichts der aktuellen weltpolitischen Lage raten, sich zu entscheiden?
Im Endergebnis würde ich ihm sagen: Die Entscheidung mußt du selbst treffen. Vorher würde ich versuchen, ihm darzustellen, was für das eine spricht,

was für das andere spricht. Die Wahrscheinlichkeit, daß der sogenannte Ersatzdienst für den jungen Menschen leichter ausfällt als der Wehrdienst, ist nicht sehr groß; wahrscheinlich wird es eher schwieriger – wenn Sie zum Beispiel in ein Alterspflegeheim kommen. Beides ist ehrenwert, beides ist in Ordnung. Meine Idealvorstellung, die in Wirklichkeit nicht realisiert werden kann, wäre, daß jeder junge Mensch zu dienen hat und selbst entscheiden kann, ob er das eine oder das andere will. Ich habe gesagt: jeder junge Mensch – nämlich einschließlich der jungen Frauen, meine ich. Das bisherige Vorrecht der Frauen in diesem Punkt halte ich nicht für gerechtfertigt. Wenn eine Frau schwanger ist oder ein Kind zu versorgen hat, ist das etwas anderes, dann muß sie befreit werden. Aber ein junger Mann wird nicht befreit, falls er ein Kind gezeugt hat. Also letzten Endes muß jeder selbst entscheiden. Aber die Vorstellung, daß Sie von den grauenhaften Konsequenzen eines Krieges verschont bleiben, wenn Sie selbst nicht Soldat sind, ist ein Irrtum. Wenn es einen Krieg gibt, sind alle in gleicher Weise betroffen. Das haben wir hier in den deutschen Großstädten erlebt, das erleben im Augenblick die Menschen in Afghanistan.

Kindererziehung ist ein gutes Stichwort. Sie haben eine Tochter. Ihr Anteil an der Erziehungsarbeit würde mich interessieren.

Er war nicht sehr groß, weil ich dauernd in Bonn war und meine Familie hier in Hamburg. Als meine Frau nach Bonn zog – als ich Minister wurde, war es unvermeidlich, daß sie am Ort war und, zumal auf der Hardthöhe, dauernd Gastgeberin spielen mußte –, war meine Tochter längst erwachsen. Meine Tochter ist 1947 geboren, 1953 ging ich nach Bonn – von da ab war mein Anteil sicherlich relativ gering.

Was haben Sie für ein Verhältnis zu Ihrer Tochter heute?
Ein sehr, sehr herzliches. Beiderseits, ja. Sie lebt allerdings in England und wir sehen uns relativ selten.

Sie haben heute morgen erzählt, daß Sie gegen Titel und Orden generell etwas haben. In Ihrem Wohnzimmer hängt aber eine Urkunde, wie ich vorhin gesehen habe, die Sie und Ihre Frau zu den besten Eltern der Welt kürt. Ist das ein Titel, auf den Sie stolz sind?
Die Urkunde stammt von meiner Tochter. Dagegen ist nichts einzuwenden, die habe ich sogar selbst an die Wand geklebt. Meine Tochter war in einer deutschen Großbank und ist in deren Londoner Filiale gegangen, weil sie sich wegen der Gefährdung in Deutschland nur mit Begleitschutz bewegen konnte. Für eine junge Frau ist es nicht so erfreulich, dauernd einen Polizisten um sich rum zu haben. Deswegen ist sie ins Ausland gegangen und, leider, dort geblieben.

Ich habe nach der Erziehung gefragt, weil man mit einigem Recht sagt, daß die Frauen deshalb keine Wehrpflicht oder Ersatzpflicht zu leisten haben, weil sie später die Hauptlast der Erziehungsarbeit tragen. Ist das kein Argument für Sie?

Nein, solange das Kind noch nicht da ist und sie auch noch nicht verheiratet ist, gibt es für mich keinen Grund, daß die Frau von der Ersatzdienstpflicht in einem Alterspflegeheim freigestellt werden soll.

Sie wird den entsprechenden Dienst mit hoher Wahrscheinlichkeit in ihrem späteren Leben leisten. Nicht nur die Kindererziehung, auch die Altenpflege in den Familien liegt meistens bei den Frauen.

Ja. Sie werden aber Mühe haben, mich zu einem Feministen zu machen. Bei der Feminismusdiskussion fällt mir immer folgender Witz ein: Zwei Schokoladenfigürchen sind in Silberpapier eingewickelt, und der Junge wird gefragt: »Willst du lieber den Jungen oder das Mädchen?« Seine Antwort: »Ich will den Jungen haben. Da ist mehr dran.«

Ist man denn schon feministisch, wenn man sagt, daß man als Frau ohnehin eine Doppelbelastung hat von Beruf und Familie? Man bürdet der Frau praktisch noch etwas Drittes auf, wenn man sie zusätzlich zur Wehrpflicht oder zum Ersatzdienst heranzieht.

Ich kann Ihren Standpunkt verstehen, aber ich teile ihn nicht. Es kann sein, daß Frauen, die Familie haben und gleichzeitig einen Beruf verfolgen, es sehr viel schwerer haben als die Männer, das wird schon so sein. Aber wenn ansonsten auf allen übrigen Gebieten die Frauen gleiche Rechte haben sollen – dafür bin ich immer gewesen –, dann müssen sie auch auf allen Gebieten gleiche Pflichten haben – ob es sich um die Pflicht handelt, Steuern zu zahlen oder Sozialversicherungsbeiträge oder in anderer Weise dem öffentlichen Wohl zu dienen. Ersatzdienst ist ein Dienst am öffentlichen Wohl.

Haben Sie jemals mit einem Sekretär zusammengearbeitet oder hatten Sie immer Sekretärinnen?
Beides.

Es gab auch Sekretäre?
Ja, die Sekretäre hießen aber nicht so, die hießen Regierungsdirektor oder ...

Ach so!
Persönliche Referenten und solche Namen gibt es da dann.

Hätten Sie Schwierigkeiten, einem Mann etwas in den Block zu diktieren?
Nein, gar nicht. Warum? Normalerweise können die Männer aber nicht stenografieren. Das ist übrigens das Schlimme bei den Sekretärinnen heute. Die sind alle nur gewohnt, am Computer zu arbeiten. Meine Sekretärin bei der ZEIT, Frau Niemeier, ist eine der wenigen, die noch anständig stenografiert, und zwar schnell und sogar in Englisch.

Können Sie einen Computer bedienen?
Ich kann den Fahrstuhl bedienen – wenn er denn funktioniert. Und Auto fahren. Es gibt aber eine Reihe von technischen Geräten, die ich mit Fleiß ignoriere, so auch den Computer. Noch heute diktiere ich jeden Brief. Und zwar meiner Sekretärin.

Denn in ihrem Gesicht will ich lesen, ob sie das, was ich sage, plausibel findet oder nicht. Das Gegenüber ist ganz wichtig – für mich jedenfalls. Nicht bei Kleinigkeiten, aber bei schwierigeren Stücken. Ganz schwierige Stücke schreibe ich mit der Hand.

Surfen Sie im Internet?
Ich lasse surfen. Als das losging mit dem Internet, habe ich Frau Niemeier gebeten, mir mal alle Glühbirnenwitze zusammenzustellen. Erstaunlich, was da zusammengekommen ist: Damals allein zweihundert Glühbirnenwitze! Zum Beispiel die Frage: Wie viele Beamte des Finanzministers brauchen Sie, um an der Decke eine Glühbirne einzuschrauben? Antwort: Zehn – die anderen neun erledigen den Papierkram. Mir fällt noch einer ein: Frage: Wie viele *straight heterosexual citizens of San Francisco do you need to fix the light bulb on the ceiling?* Antwort: Alle beide.

Meine Schwester studiert in Paris Jura ...
Was für Jura? Französisches Recht oder Völkerrecht oder EU-Recht ...

Ich glaube, Französisches Recht.
Ach was.

Ja, und sie wurde mehrfach darauf angesprochen, woher sie kommt, und sagte natürlich: aus Deutschland. Daraufhin wurde ihr schon öfter auf die Schulter geklopft und gesagt: Ist ja nicht so schlimm. Wie soll ein junger Mensch in einer solchen Situation reagieren?

Ist doch ganz einfach: schönen Dank. Kann man doch nur spöttisch drauf reagieren, spöttisch, aber freundlich. Aber mich interessiert, warum studiert sie Französisches Recht, was ist ihre Vorstellung, was daraus werden soll?

Da müssen Sie mit meiner Schwester sprechen.
Oder Sie irren sich. Vielleicht studiert sie doch Internationales Recht oder Völkerrecht.

Ich werde sie fragen. Ich sehe sie Weihnachten wieder.
Fragen Sie sie.

Haben Sie als Repräsentant Deutschlands im Ausland nie eine Art Vorurteil oder Aversion zu spüren bekommen? Ist Ihnen das nie begegnet?
Ja, aber was hat das mit dem Studium des Französischen Rechts zu tun?

Ich meine die Vorurteile des Auslands gegen Deutsche.
Mir ist nicht begegnet, daß mir einer auf die Schulter geklopft hat. Aber ich würde darauf so reagieren, wie ich eben gesagt habe: schönen Dank.

Herr Schmidt, Sie pfeifen schon wieder vor sich hin. In welchen Situationen tun Sie das eigentlich?
Das ist eine schlechte Angewohnheit von mir in den letzten Jahren, daß ich so vor mich hin pfeife. Das hängt nicht von einer besonderen Situation ab.

Ich habe versucht herauszufinden, ob Sie es tun bei Fragen, die Ihnen zu lang erscheinen oder ...

Wahrscheinlich hängt es damit zusammen, daß mir die Musik fehlt. Ich kann keinerlei Musik mehr hören, das ist *die* Tragödie meines Alters. Ich höre nur noch Krach. Das einzige, was ich noch einigermaßen gut hören kann, ist ein Soloinstrument oder ein Chor, der unisono singt, oder eine einzelne Stimme, ansonsten höre ich nur lauter Krach. Sie können Lautstärke verstärken, aber Sie können nicht die im Innenohr ausgefallenen Frequenzen ersetzen. Sicher hängt das Pfeifen damit zusammen, daß mir die Musik fehlt. Ich habe mein Leben lang mit der Musik gelebt.

Wenn man die Musik aus Ihrem Leben streichen würde ...

Das ist ja praktisch so geschehen, weil ich durch die Beschädigung meines Gehörs keine Musik mehr hören kann. Das ist ein gewaltiger Verlust. Ich habe jedenfalls durch die Musik und von der Musik im Laufe des Lebens immer sehr viel Kraft bezogen, sehr viel Kraft auch zur Gelassenheit. Es gibt ein schönes Wort von Johann Sebastian Bach: Musik dient der »Recreation des Gemüths« – das hat auf mich voll zugetroffen. Während des Krieges war ich längere Zeit in Berlin stationiert; da brauchte ich nicht in der Kaserne zu wohnen, sondern wohnte privat, mußte morgens zum Dienst erscheinen, und abends um sechs oder sieben konnte ich wieder nach Hause gehen. Da habe ich abends Orgelunterricht genommen. Also, Musik war für mich immer eine ganz wichtige Sache.

Welche Art von Musikerinnerungen haben Sie im Kopf, wenn Sie die Musik heute nur noch eingeschränkt wahrnehmen?
Eine Menge. Wenn Sie mir Noten vorlegen, weiß ich, wie sie klingen. Ich kann mir den Klang vorstellen, ohne daß ich wirklich etwas höre. Wenn ich am Klavier sitze und vor mich hin phantasiere, weiß ich, wie es wahrscheinlich klingt, aber für meine Ohren ist es schlimm. Es ist, als ob das Klavier verstimmt wäre.

Sie spielen also noch?
Ab und zu – die Bachschen Inventionen, Partiten, auch die Goldberg-Variationen.

Wann hat die Taubheit angefangen?
Schlagartig. Das linke Ohr ist kriegsbeschädigt, das hat nie viel gehört. Ich habe mein Leben lang mit dem rechten Ohr gehört, und das ist an einem Tag schlagartig ausgefallen, ganz und gar. Das ist jetzt wohl drei Jahre her.

Das muß ein gehöriger Schreck gewesen sein.
Ein großer Schreck! Ich war auf dem Weg zum Friseur. Und plötzlich merkte ich, daß ich wie ein Betrunkener über die Straße ging, schwankend. Mit dem Gehör war nämlich gleichzeitig das Gleichgewichtsorgan ausgefallen. Ziemlich schnell habe ich dann gelernt, wieder geradeaus zu gehen, aber der Verlust des Gleichgewichts war zunächst einmal ein großer Schreck. Ich habe erst gar nicht begriffen, daß das Gehör weg war.

Wenn Musik in Ihrem Leben so eine große Rolle gespielt hat und Sie verlieren von einem Tag auf den anderen das Sinnesorgan, das Ihnen diese Leidenschaft erlaubt – sind Sie da nicht in Verzweiflung gestürzt?
Nein. Verzweiflung ist in meinem Leben kaum je vorgekommen.

Aber Musik vermag schon, Emotionen bei Ihnen zu wecken. Sie haben das selbst einmal geschildert. Sie sind Anfang der siebziger Jahre auf der Leipziger Messe und nehmen die Gelegenheit wahr, in die Thomaskirche zu gehen, wo am Abend eine Bachkantate aufgeführt wird. Sie sind in Begleitung Ihrer Frau. Sie gehen in die Kirche, Sie hören Bachs Musik und entdecken die Grabplatte von Bach, auf der eine Rose liegt, glaube ich, und Sie beschreiben diesen Moment: Ich hatte Mühe, mich selbst in Disziplin zu nehmen. Was heißt das?
Ja, ich war tief gerührt. Später habe ich übrigens erfahren, daß die Grabplatte gar nicht das Grab bezeichnet, sondern daß Bach woanders begraben liegt. Aber das wußte ich damals nicht. Das war insgesamt eine aufregende Sache: der Besuch in der damaligen DDR, dann die Thomaskirche, *seine* Kirche, *seine* Musik und zufällig Bachs Grabplatte vor mir – das weiß ich noch wie heute.

Ein Gefühl der Rührung – und gleichzeitig, so formulieren Sie es später zumindest, ein Gefühl des Stolzes.
Kann man so sagen, ja.

Sie schreiben, kaum je seien Sie so stolz auf das deutsche Kulturgut gewesen, kaum je hätten Sie so deutlich gespürt, was es bedeuten kann, ein Deutscher zu sein.
Ja.

Was haben Sie damit gemeint?
Das, was ich gesagt habe.

Das läßt Interpretationsmöglichkeiten zu.
Ja, habe ich nichts dagegen.

Ihre Gefühle bei diesem Leipzig-Besuch in einem Satz?
Eine tiefe Rührung und Selbstidentifizierung mit dieser Musik, mit diesem Mann, mit dieser Kirche, mit dieser Stadt Leipzig, von der man getrennt war.

Trotzdem haben Sie Disziplin gewahrt. Ich verstehe nicht, warum Sie sich so einem Gefühlsausbruch nicht hingegeben haben.
Weiß ich nicht, ich bin halt so gebaut.

Und »so« heißt?
Diszipliniert, nicht immer und nicht in jeder Beziehung, aber was die äußere Façon angeht, schon.

Ich glaube, daß es leichter ist, Sie mit Musik aufzuschließen und Regungen in Ihnen zu wecken, die Sie sonst für sich behalten, als mit irgend etwas sonst.
Das könnte sein. Natürlich kann Musik die Seele aufschließen; aber das gilt nicht gegenüber einem anderen Menschen, sondern das ist etwas, was sich innerhalb der eigenen Person abspielt.

In einem Politikerleben wird das Schöngeistige meist ausgeblendet. Oder sieht es nur so aus, als sei der politische Betrieb per se etwas Kunstabweisendes, Kunstunverständiges?
Jemand, der das so sieht, irrt sich. Es gibt eine ganze Menge Leute in der Politik, die Fingerspitzengefühl, Sinn für Musik, Augen für Kunst und Malerei haben. Das muß sich in der Parlamentsdebatte oder in der Außenpolitik nicht sichtbar niederschlagen, aber es ist doch da. Wenn Sie die Fußballspiele der Bundesliga verfolgen, kommt auch keine Musik vor. Trotzdem würde keiner behaupten, Fußballer hätten generell kein Verhältnis zur Musik.

Wie sind Sie überhaupt zur Musik gekommen?
Wie ich dazu gekommen bin? Ganz einfach. Zu Hause bei uns wurde gesungen, meine Mutter ist als junges Mädchen im Kirchenchor von St. Michaelis in Hamburg gewesen. Das Musikalische ergab sich da von selbst. Es war eine sangesfreudige Sippe, zu der meine Mutter gehörte; mein Vater hat das Singen ertragen, ich habe da aber gerne mitgemacht. Und dann kam ich mit zehn Jahren in eine Schule, in der viel Musik gemacht wurde, die Lichtwark-Schule; sie hatte zwei Orchester und zwei Chöre. Die Klasse, in der meine Frau und ich waren, war immerhin so musikalisch erzogen, daß wir vom Blatt dreistimmige und vierstimmige Sätze singen konnten. Das kann heute kaum mehr eine Klasse.

Ich muß noch etwas von meiner Schule erzählen. In dieser Schule mußte man schon als Elfjähriger – und das ging bis zum Abitur – eine sogenannte Jahresarbeit abliefern. Das Thema für die Jahresarbeit konnte man sich wählen, allerdings brauchte man die Zustimmung des Klassenlehrers. Es war insofern eine unglaublich gute Schule, als sie uns zum selbständigen Arbeiten gebracht hat. Als ich 14 war, habe ich eine Jahresarbeit abgeliefert über die Weser-Renaissance, Hameln, Bückeburg, Rinteln usw. Und etwas später, da war ich wohl 16, habe ich eine Jahresarbeit abgeliefert über die Hafenkonkurrenz zwischen Rotterdam, Antwerpen, Bremen und Hamburg. Im vorletzten Schuljahr – deswegen komme ich darauf – habe ich zwanzig Kirchenlieder in einen vierstimmigen Satz gesetzt, und die wurden dann von einem Musiklehrer begutachtet. Das heißt: Ich bin mit der Musik groß geworden. Außerdem hatte ich Klavierunterricht. Den habe ich allerdings gehaßt, weil man da so lange hinmarschieren mußte und dann wieder zurück.

Hatten Sie ein eigenes Klavier zu Hause?
Ja. In den ersten Jahren waren die Klaviere gemietet – da mußte man jeden Monat zwölf Mark bezahlen –, später haben wir eins gebraucht gekauft.

Haben Sie gern geübt?
Nee, gar nicht.

Das heißt, als Musiklehrer hätte ich mit dem Schüler Helmut Schmidt nicht viel Spaß gehabt?
Als Musiklehrer hätten Sie mit mir durchaus Spaß gehabt, aber nicht als Klavierlehrerin. Das ist aber auch eine Frage des Lebensalters. Je älter einer

wird, desto mehr ist er geneigt, auch stundenlang und jeden Tag zu üben – falls er ein inneres Verhältnis zur Musik hat. Damals – ich glaube, meine Eltern haben mich zuerst mit sieben oder acht Jahren in die Klavierstunde geschickt –, damals fand ich das bloß lästig.

Sind Sie später vielleicht auch deshalb in die SPD eingetreten, weil die so schön singen?
Nein. Die singen auch gar nicht so schön. Sie singen übrigens Lieder, die eigentlich in eine frühere Zeit gehören.

Singen Sie da mit? Haben Sie da mitgesungen?
Habe ich wohl getan früher, ja.

Die sind aber alle nur einstimmig, die Lieder.
Natürlich, natürlich. Die Vielstimmigkeit leisten sie sich nur in der Politik.

Oft wird es unfreiwillig vielstimmig. Ist denn diese Tradition in der SPD heute noch berechtigt?
Sie lebt jedenfalls teilweise fort, weniger in den Großstädten, mehr in den Kleinstädten, mehr in der Ruhr als etwa in Frankfurt am Main.

Irgendwann haben Sie dann offensichtlich mehr Spaß an der Musik gehabt. Sonst wären Sie ja später nicht in der Lage gewesen, ein Klavierkonzert mit Justus Frantz zu spielen. Als Hobby-Pianist mit den Londoner Symphonikern öffentlich aufzutreten ...
Das Konzert war nicht öffentlich, das war im Studio.

Aber es waren lauter Profis.

Das stimmt, und wir hatten gar nicht zusammen geübt. Mir fiel das Herz in die Hose, als ich merkte, mit welchem Tempo die das spielten. Ich konnte dann aber doch ganz gut mithalten. Sagen wir mal so, ich habe es geschafft. Ich habe es aber eigentlich als Dienst gegenüber zwei Freunden getan. Der eine war Christoph Eschenbach, der inzwischen ein Weltklassedirigent geworden ist, damals war er Pianist, der andere war Justus Frantz. Das waren beides junge Leute damals, die kannte ich, als sie noch auf der Musikschule waren. Die haben mich dazu überredet, und ich habe gedacht, das nutzt denen. Von mir aus hätte ich das nicht gemacht. Das hat denen dann so gefallen, daß wir es gleich wiederholt haben – das erste Konzert war ein Bach, das zweite ein Mozart –, und dann haben wir es noch mal für das Fernsehen gemacht. Es war nicht unbedingt nach meinem Geschmack, damit öffentlich aufzutreten. Es war allerdings nicht wirklich öffentlich; das Konzert wurde im Studio aufgezeichnet und hinterher dann verbreitet. Live hätte ich es ganz gewiß nicht gemacht.

Aber es hat Ihnen doch Spaß gemacht?

Es hat mir sehr viel Spaß gemacht, ja. Ich habe viele Musiker kennengelernt, das war eine der positiven Seiten des Bundeskanzleramtes. Die Musiker gaben in Bonn Konzerte oder Gastdirigate, aber ich konnte nicht ins Konzert gehen, weil ich abends Pflichten hatte. Meine Frau ging vielleicht hin, und anschließend kamen die Musiker dann – entweder auf meine oder auf die Einladung meiner Frau – zu uns in den sogenannten Bungalow. Dann war es bereits halb elf oder noch später. Auf diese Weise habe ich alle damaligen Spitzendirigenten kennengelernt, Bernstein, Karajan, Celibidache, Zubin Mehta und wie sie alle heißen. Dann haben wir manchmal zusammen am Klavier gesungen. Besonders einen Abend werde ich nie vergessen. Lenny Bernstein hatte immer schon den dritten Whisky, wenn er erschien; er hatte einen Whisky vor dem Konzert, einen hatte er in der Pause und einen nach dem Konzert. Er hat sich erst ein bißchen gewaschen und kam dann und war schon sehr fröhlich. Und zufällig war an diesem Abend eine Sängerin da, eine Farbige, es war wohl Felicia Weathers, und da habe ich gesagt, singt doch mal, macht doch mal ein paar schöne Gershwins. Und da sagte Bernstein: »Kann ich nicht aus dem Kopf.« Das war natürlich gelogen. Da ging ich in mein Arbeitszimmer, holte Gershwin-Noten und habe sie ihm aufs Pult gestellt; also mußte er Gershwin machen. Da haben wir dann, drei oder vier Mann hoch, Gershwin gesungen.

Und welche Erinnerung haben Sie an Karajan?
Karajan war ganz anders: äußerste Disziplin, äußerste Zurückhaltung. Er war einer der diszipliniertesten Menschen, die ich je im Leben getroffen habe, ein völlig anderer Typus.

Disziplinierter als Sie?
O ja. Ich bin mal mit Karajan auf dessen Yacht im Mittelmeer gesegelt, ich glaube, von Nizza oder

Cannes aus – wo das gewesen ist, weiß ich nicht mehr. Neben seinem Haus wohnte die Brigitte Bardot ...

Saint-Tropez.

Ja, da war das. Karajan war schon etwas wackelig zu Fuß. Und dieses Boot war eine Rennziege mit zwei großen Ruderrädern, nur für Rennen zu gebrauchen, für Hochsee-Regatten. Unter Deck war nichts, außer einem Lokus und all den Reservesegeln. Man konnte sehen, wie die Mannschaft an Bord – lauter junge Leute, durchtrainiert, 16 oder 17 Mann Besatzung –, wie die aus den Augenwinkeln verfolgte, wie der alte Mann da an Bord kraxelte. Er war schon sehr gehandicapt, es war eine Angsttour. Aber als er dann am Ruder stand: Erstklassig, der konnte das Boot wirklich segeln. Wenn die Yacht auf Backbord lag, dann mußte man das Steuerbordruder benutzen, und umgekehrt. Karajan konnte segeln – und wie!

Er konnte auch sein eigenes Flugzeug fliegen. Einmal haben wir ihn in Salzburg besucht, haben auch bei ihm gewohnt; am nächsten Morgen mußte ich weg, kam auf den Flugplatz – da stand das Flugzeug der Bundeswehr, das mich wieder nach Bonn bringen sollte –, und da lief ein Mann in einem leicht verschmierten Overall auf dem Flugfeld auf mich zu, und ich dachte, der will ein Autogramm haben. Aber es war Karajan, der an seinem eigenen Flugzeug irgend etwas gebastelt hatte. Der war in Technik verliebt. Er hat mir den ersten Sony-Walkman, den es gab, geschenkt. Den hatte er von Morita aus Japan bekommen. Da mußte er sich dann einen neuen Walkman kommen lassen, die gab es in Deutschland noch nicht. Karajan war begeistert von diesen Dingern, er war ein Technik-Verrückter.

Wir haben Sie mit dem Walkman leider nie in der Tagesschau gesehen. Das Gerät wäre dann heute womöglich im Haus der Geschichte in Bonn ausgestellt. Da wo die Strickjacke von Helmut Kohl und die Turnschuhe von Fischer liegen. Was gibt es von Ihnen im Haus der Geschichte?
Weiß ich nicht. Die wollten von mir gern eine Mütze haben. Aber ich besitze nur eine, und die brauche ich selber.

Was ist Ihr Lieblingslied?
Wenn ich Ihnen ein Lieblingslied nennen soll: Es ist Matthias Claudius' »Abendlied«, wo es im letzten Vers heißt: »Verschon uns, Gott! mit Strafen, Und laß uns ruhig schlafen! Und unsern kranken Nachbar auch!« Dieser Text berührt mich und auch die Melodie; sie stammt von Abraham Peter Schulz, 18. Jahrhundert.

Und welchen Schlager mögen Sie besonders gern?
Mich hat Marlene Dietrich mal sehr beeindruckt mit diesem Lied »Sag mir, wo die Blumen sind«. Das ist aber auch schon vierzig Jahre her, ich muß das wohl im Radio gehört haben. »Sag, wo die Soldaten sind, wo sind sie geblieben«, so geht es weiter. Raffiniert komponiert: Der zweite Vers einen Ton höher als der erste, der dritte noch einen, der

vierte dann wieder abwärts. So ein Lied rührt mich, aber die Rührung lasse ich mir nicht anmerken. Marlene Dietrich hatte eine Stimme, die zu Herzen ging. Ich meine, in Wirklichkeit konnte sie nicht singen, aber sie war eine erstklassige Chansonsängerin.

Welche Musik hören Sie am liebsten und wann hören sie Musik?
Ich habe immer gern Musik gehört, außer bei konzentrierter Arbeit am Schreibtisch, und am liebsten durchsichtig gespielte polyphone Musik, das heißt also Barockmusik, vor allem Johann Sebastian Bach.

Mögen Sie Wagner?
Eigentlich nicht.

Was heißt »eigentlich«?
Eigentlich nicht, weil mir seine Texte verhaßt sind. Aber die Genialität seiner Musik muß ich anerkennen.

Was ist mit Bruckner?
Bruckner oder Mahler höre ich ganz gern, aber wenn ich nur eine einzige Platte mitnehmen dürfte in den Urlaub, würde ich nicht Bruckner mitnehmen.

Sondern?
Dann würde ich die Goldberg-Variationen von Bach mitnehmen, gespielt von Glenn Gould.

Waren Sie jemals auf einem Rock-Konzert?
Nee, nee.

Haben Sie Rock-Musik überhaupt wahrgenommen? Die Beatles vielleicht?
Die Beatles ja, aber das ist kein Rock. Die Musik der Beatles, das ist eine sehr melodische Musik. Die Beatles habe ich erlebt, als sie noch ganz unbekannt waren, hier in Hamburg in einer Seitenstraße der Reeperbahn auf St. Pauli im – wie hieß das Ding – Starclub. Die waren sehr gut. »Yesterday«, so was geht natürlich ins Ohr, das ist ein Ohrwurm.

Kann Musik Sie zu Tränen rühren?
Nein.

Kategorisch nein?
Kommt nicht vor.

Glaube ich nicht.
Ja, aber ich weiß, daß es so ist. Das einzige Mal, wo es hätte passieren können, davon haben wir eben gesprochen; ist aber nicht passiert.

DRITTE GESPRÄCHSRUNDE

Wie haben Sie die Machtübernahme durch Hitler am 30. Januar 1933 erlebt?

Ich war gerade 14 geworden, als die Nazis ans Ruder kamen. Als Junge, dessen Pubertät gerade begonnen hat, hat man keine Vorstellung von irgend etwas. Man ist interessiert an Fußball, ich war interessiert an Musik und Malerei. Politik hat mich gar nicht interessiert. Das hing auch mit meinem Elternhaus zusammen. »Über Politik redet man nicht, Kinder lesen keine Zeitung, das ist sowieso nichts für euch«, so hat mein Vater uns immer gesagt.

Aber dennoch wollten Sie in die Hitlerjugend eintreten.

Weil fast alle aus meiner Klasse drin waren. Ich war einer der wenigen, die nicht durften.

Ihre Mutter hat Sie davon abgehalten, indem sie Ihnen eröffnete, daß Sie einen jüdischen Großvater haben.

Ja.

Und wie haben Sie darauf reagiert?

Sie sagte, du darfst mit niemandem darüber reden,

und ich habe als 14jähriger Junge natürlich kapiert, daß es gefährlich war, darüber zu reden. Die Bedrohung meiner Familie, meiner Person, habe ich durchaus empfunden, aber eine Vorstellung von dem, was man heute den Nationalsozialismus nennt, hat ein 14jähriger nicht. Ich bin dann – wohl Ende '33 oder Anfang '34 – doch für drei Jahre in die HJ gekommen, nämlich durch die En-bloc-Überführung der Schülerrudervereine in die Marine-HJ.

Mußten Sie denn niemals so etwas wie einen Arier-Nachweis vorlegen?
Mein Vater war nach den Nürnberger Gesetzen ein Halbjude und hätte seine Stellung als Studienrat einer Handelsschule verloren. Also hat er seine Papiere manipuliert, und diese manipulierten Papiere habe auch ich später benutzt. Als ich 1942 heiraten wollte, mußte ich einen Abstammungsnachweis vorlegen, das war eine ziemliche Angstpartie. Die Leute bei der Luftwaffe hat das aber gar nicht interessiert. Der Kommandeur hat seinen Namen daruntergesetzt: »Hat bei meiner Dienststelle den Nachweis der arischen Abstammung erbracht« – Stempel, Unterschrift, Oberstleutnant, das war es.

Und das ging? Das ist unglaublich.
Das war eben Luftwaffe. Weil der Staat Soldaten brauchte, war unsere Schulzeit vorzeitig beendet worden. Ich kam Ostern 1937 in den Arbeitsdienst und wurde im Herbst 1937 zur Luftwaffe eingezogen. Ich war bei einer Flak-Abteilung in Bremen-

Vegesack. Trotz dieses idiotischen Kasernenhofdienstes – als Rekrut ein Jahr links herum, rechts herum, Laufschritt marsch, marsch, geisttötender Unfug – habe ich gleichwohl das Gefühl gehabt: Nun bist du endlich in einem anständigen Verein, weit weg von den Nazis. Das klingt grotesk, aber so war es. Jetzt konnte mich keiner mehr nach meiner arischen Abstammung fragen.

In einem Aufsatz, den Sie Anfang der neunziger Jahre über Ihre Kindheit und Jugend unter Hitler veröffentlicht haben, schreiben Sie, es habe noch 1937 immer wieder Annäherungen an einzelne NS-Ideen gegeben. Was muß man sich darunter vorstellen?

Das bezog sich auf das quasi sozialistische Moment, das es beim Nationalsozialismus ja auch gegeben hat. Da gab es ja auch Otto Strasser und solche Leute, die am Anfang durchaus mindestens eine sozialpolitische Komponente ernsthaft verfolgt haben. Und die Idee der sozialen Gerechtigkeit – ich hätte das als Junge damals so nicht formulieren können – hat mich immer angezogen. Mein späterer Schwiegervater ist einer der ersten gewesen, die hier im Hamburger Hafen auf einer Werft arbeitslos wurden. Das war 1929 oder 1930. Eine sechsköpfige, zeitweilig siebenköpfige Familie mit einem arbeitslosen Mann, der arbeiten wollte und keine Arbeit kriegte. Er hat erst im Zuge der Aufrüstung 1936 oder 1937 wieder Arbeit bekommen. Ich ging dort bei den Glasers ein und aus. Die lebten in kümmerlichsten Verhältnissen. Dieser vielfache Anschauungsunterricht von Ärmlichkeit und Beschränktheit hat bei mir schon als Junge das

Bewußtsein geprägt: Es muß mehr Gerechtigkeit hergestellt werden auf der Welt.

Sie schreiben in dem erwähnten Aufsatz, daß zwei Dinge Sie davor bewahrt hätten, sich enger mit den Nazis einzulassen. Das eine sei der jüdische Großvater gewesen, das andere der Umgang der Nazis mit den von Ihnen geliebten Expressionisten. Hatten Sie denn als Junge schon eine so intensive Beziehung zur Malerei?
Ja, die hatte ich schon als 12- und 13jähriger. Das hängt im wesentlichen mit meiner Schule zusammen, genau wie bei der Musik. Die Lichtwark-Schule legte ganz großen Wert auf Kunsterziehung, und der Zeichenlehrer John Börnsen – heutzutage würde man sagen, ein begnadeter Pädagoge – riß uns mit. Er war besonders engagiert in der Kunst seiner Jugend, dem deutschen Expressionismus. Das reichte von Nolde und Kirchner und Schmidt-Rottluff und noch ein bißchen Max Liebermann bis hin zu Käthe Kollwitz und Ernst Barlach. Sie waren Idole für mich. Das war für mich die Spitze der Kunst. Übrigens habe ich das auch heutzutage in keiner Weise zu revidieren: Der deutsche Expressionismus hat Kunstwerke hervorgebracht, die auch in Zukunft herausragen werden. Die Ausstellung der Nazis über entartete Kunst im Sommer 1937 hat bei mir dann zu dem Urteil geführt: Das sind Verrückte, bei denen stimmt was nicht. Es gab deswegen einen großen Krach mit einem Onkel.

Mit Blick auf Ihre Zeit als Soldat haben Sie einmal von der Gespaltenheit des Bewußtseins gesprochen.

Das war während des Krieges so, das ist richtig. Lassen Sie mich ein Beispiel wählen. Nehmen Sie jemanden wie Stauffenberg oder Olbricht oder Tresckow, alles Leute, die ich nicht gekannt habe, von denen ich erst nach dem Krieg erfahren habe. Der Schwiegersohn des Generals Olbricht – Olbricht wurde am Tag des Attentats im Bendlerblock erschossen – war mein unmittelbarer Vorgesetzter. Er hieß Friedrich Georgi und war ein junger Generalstabsmajor oder Generalstabshauptmann. Er hat nach dem Krieg studiert, wurde Jurist und ein tüchtiger Verleger, war eine Zeitlang Vorsitzender des Börsenvereins des Deutschen Buchhandels. Georgi war damals ein junger Mann, maximal vier oder fünf Jahre älter als ich, aber Berufsoffizier. Ich war Reservist, erst später hießen wir Kriegsoffiziere. Ich habe nie eine Kriegsschule oder einen Offizierslehrgang gesehen. Diese Leute, ob Stauffenberg, Georgi oder der kleene Schmidt, waren alle von dieser Schizophrenie befallen. Vergessen Sie nicht, daß die Tresckows und die Stauffenbergs die Feldzüge generalstabsmäßig organisierten, sie dachten, das sei ihre Pflicht. Gleichzeitig war ihnen aber klar: Dieser Hitler muß weg, der ist ein Verbrecher. Die wußten es besser als unsereins, jedenfalls wußten sie es etwas eher – und trotzdem! Das ist sicherlich Millionen junger Deutscher damals so ergangen: einerseits wußten sie, daß das alles Unsinn ist – aber andererseits erfüllten sie, ohne zu zweifeln, die Pflichten, die das Vaterland ihnen auferlegte. In diesem übertriebenen Pflichtbewußtsein steckte eine ganze Menge preußisches Erbe. Die Schizophrenie ist wahrscheinlich für spätere Generationen nicht zu begreifen.

Ihre Tochter hat das Manuskript Ihres Aufsatzes damals gelesen und Ihnen Vorwürfe gemacht, daß Sie sich darin nicht ausführlicher mit der Judenvernichtung auseinandergesetzt hätten.

Wenn ich es denn gewußt hätte. Ich habe nichts davon gewußt. Von Leuten, die dreißig Jahre jünger sind, wird das nicht verstanden, geschweige denn für glaubwürdig gehalten. Die heutige Generation kann sich überhaupt nicht vorstellen, wie es ist, wenn man unter einer Informationsdiktatur lebt. Außerdem war Krieg, und im Krieg wird alles mögliche – in jedem Land der Welt, auch in Demokratien – verheimlicht und geheimgehalten. Harry S. Truman wußte von der Existenz der Atombombe erst in dem Augenblick, als er Präsident wurde.

Hätten Sie mehr wissen können, wenn Sie mehr hätten wissen wollen?

Wahrscheinlich ist die Antwort »Nein«. Aber ich wollte gar nicht mehr wissen. Ich hatte die ganze Zeit Angst, daß die Sache mit dem jüdischen Großvater und mit den gefälschten Nachweispapieren rauskommt. Das hat mich schon davon abgehalten, mich sonderlich zu interessieren. Auch wenn ich gekonnt hätte, hätte ich aus diesem Grunde wahrscheinlich nicht gewollt. Dabei hatte ich nicht einmal eine konkrete Vorstellung davon, was uns tatsächlich passieren könnte. Mein Vater stellte sich vor, er würde von der Schulbehörde raugeschmissen. Das war seine ganze Angst, aber sie reichte aus, um den Mann seelisch zu zerstören. Von KZs hatte er keine Ahnung – ich auch nicht –, und von Genozid und Massenmord an den Juden erst recht nicht.

Zugleich hielt ich es für ganz natürlich, Soldat zu sein. Zweifel kamen erst während des Krieges auf. Da ich geschichtlich einigermaßen gebildet war, wußte ich seit dem Sommer '41 – das Schicksal der Grande Armée Napoleons vor Augen: Moskau, Rückmarsch, Beresina –, daß wir den Krieg verlieren würden. Ich hielt das für unausweichlich und stellte mir das Ende noch schlimmer vor, als es dann eingetroffen ist. Jedenfalls hat man nachts immer gehofft, daß der Krieg am nächsten Morgen zu Ende wäre – und hat gleichwohl tagsüber als Soldat getan, was von einem verlangt wurde, ohne diese Schizophrenie irgendwie überbrücken zu können.

Haben Sie als Soldat im Krieg Menschen getötet?
Mit Bewußtsein nicht, aber wir haben feindliche Flugzeuge abgeschossen, und da saßen Menschen drin, eine ganze Menge.

Das Bewußtsein, daß da Menschen drinsitzen, ist in dem Moment ausgeschaltet, nehme ich an.
Ja, richtig. Sie müssen sich aber die Situation so vorstellen: Die schießen oder schmeißen auch Bomben auf dich. Da mischen sich verschiedene Instinkte und eingeübte Verhaltensabläufe; der Instinkt der Selbstverteidigung spielt eine erheblich Rolle.

Als Sie im Mai 1973 erstmals mit Breschnew zusammenkamen, haben Sie gegenseitig Kriegserinnerungen ausgetauscht. Sie haben später gesagt, dieses Gespräch habe zu dem gegenseitigen Respekt zwischen Ihnen beigetragen. Wie muß man das verstehen?

Breschnew hatte mich an jenem Abend in gewisser Weise provoziert. Nicht mit Absicht, aber er hat mindestens eine Viertelstunde, vielleicht zwanzig Minuten einen Monolog gehalten über die schrecklichen Schandtaten, die die Faschisten in der Sowjetunion begangen hatten. Das war alles schrecklich, was er erzählt hat. Aber mich ärgerte das ein bißchen, vor allen Dingen, weil er nicht von den deutschen Soldaten sprach, sondern von den Faschisten. Die deutschen Soldaten waren aber nicht alle Faschisten. Ich habe zu Breschnew gesagt: Sie haben recht, Herr Generalsekretär, alles, was Sie erzählen, ist schrecklich. Aber ich muß Ihnen sagen, auch aus der Sicht der deutschen Soldaten war der Krieg schrecklich. Dann habe ich ihm erzählt, was ich erlebt habe, und das hat dazu geführt, daß Breschnew, der ein Gefühlsmensch war, emotional verstand, dieser Deutsche, der da redet – eine Generation jünger als er selber –, der hat auch recht, wenn er von der großen Scheiße des Krieges redet. Er hat gespürt, der junge Mann da ihm gegenüber – so jung war ich auch nicht, also einige Fünfzig –, der ist ernst zu nehmen. Später habe ich dann begriffen, Breschnew hatte Angst vor einem neuen Krieg – das war bis zum Schluß eine seiner Hauptsorgen –, und er hatte recht. Ich habe auch immer Angst gehabt vor Krieg und Zerstörung. Und deshalb hat dieses

Gespräch damals eine Art persönliche Basis hergestellt.

Im Februar 1945 starb Ihr Sohn, Helmut Walter Schmidt, im Alter von neun Monaten. Er wurde in Bernau bei Berlin begraben. Um das Grab besuchen zu können, haben Sie im Frühjahr 1945 einiges auf sich genommen.

Vom Tod des Jungen hatte ich nebenbei, durch Zufall erfahren. Die Feldpost funktionierte nur noch teilweise, und der Brief, in dem mir meine Frau den Tod mitteilte, hatte mich nicht erreicht. Wir pflegten unsere Briefe zu numerieren, und in einem späteren Brief, der mich erreichte, war en passant eine Bemerkung enthalten, aus der ich schließen mußte, daß der Junge tot war. Ja, so war das damals, Frühjahr '45. Die sowjetischen Armeen standen schon nördlich und östlich von Berlin. Ich bekam dann Heimaturlaub, und da sind meine Frau und ich zu einem von mir sehr geschätzten Luftwaffengeneral in Hamburg gegangen, Heino von Rantzau. Ich wollte gern das Grab besuchen, hätte aber nicht ohne weiteres dort hinfahren können. Der General oder sein Adjutant, einer von beiden, ist auf die Idee gekommen, meine Frau als Luftwaffenhelferin einzuziehen und auszustaffieren und uns beiden einen Marschbefehl zu geben zu der Dienststelle in Bernau bei Berlin, um irgend etwas hinzubringen oder abzuholen. So haben wir das auch gemacht.

Sie haben ganz schön was riskiert, um dieses Grab zu sehen.
Nein, der General hat was riskiert. Ich kann mich genau erinnern, daß Rantzau seinen Adjutanten, mehr im Spaß, nicht ganz im Ernst, gefragt hat: Brunner – so hieß er, glaube ich –, Brunner, was passiert, wenn's rauskommt? Und der Adjutant sagte: Kopf ab, Herr General. Und Rantzau sagte: Also gut, dann machen wir das. So ist es gewesen, beinahe wörtlich.

Ist Ihnen schon einmal der Gedanke gekommen, wie es gewesen wäre, einen Sohn zu erziehen?
Sie neigen zu hypothetischen Fragen.

Und Sie neigen dazu, diese Fragen nicht zu beantworten. Ich frage mich trotzdem, ob Sie ein guter Vater für einen Sohn gewesen wären.
Das weiß ich auch nicht. Vielleicht hätte ich mich nicht genug kümmern können. Ich weiß nur, daß ich heutzutage alle Leute beneide, die Enkelkinder haben.

Welchen Einfluß hatte Ihr Vater auf Sie?
Mein Vater war eine Respektsperson.

Ein Vorbild?
Ich hing mehr an meiner Mutter, mein Vater war weit weg. Wahrscheinlich hat er einen erheblichen Einfluß gehabt, ohne daß mir das bewußt war. Er war ein sehr disziplinierter Mann, der Adoptivsohn eines ungelernten Hafenarbeiters, eines Stauereiar-

beiters. Er war aber in der Schule aufgefallen und hat Förderer gefunden, die dafür gesorgt haben, daß er weiterkam. Dann haben wieder andere entdeckt, daß er tüchtig war, und haben ihn auf ein Lehrerseminar geschickt. Da ist er Volksschullehrer geworden, hat aber während seiner Volksschullehrerzeit abends studiert und ist Studienrat geworden. Das heißt, der Mann hat sich hochgearbeitet aus ganz kleinen Verhältnissen, eine unglaubliche Lebensleistung.

Insofern muß er doch ein Vorbild gewesen sein für Sie.
Nein, Vorbild ist falsch, jedenfalls nicht bewußt; indirekt oder unbewußt hat er mich wahrscheinlich sehr beeinflußt. Das sage ich aber zum ersten Mal, weil Sie danach fragen; ich habe darüber bisher nicht nachgedacht.

Manchmal ist es ja so, daß man gerade im Alter entdeckt, was man mit den Eltern gemein hat. Entdecken Sie Gemeinsamkeiten zwischen Ihnen und Ihrem Vater?
Ja, wahrscheinlich: die Energie, mit der er sein Ziel, nach oben zu kommen, verfolgt hat, vor allem die Energie, mit der er gearbeitet hat. Ich erinnere als kleiner Junge, daß er zu Hause immer am Schreibtisch saß und für sein Studium lernte, das er nebenher betrieb. Er war vormittags in der Schule, abends studierte er und mußte dafür zu Hause lernen. Das hat mich wahrscheinlich sehr beeindruckt, ohne daß ich das damals gemerkt habe.

Wie war Ihr Verhältnis zu Ihrem Vater nach dem Krieg?
Nach dem Ende der Nazizeit, 1945 – da war mein Vater noch nicht einmal sechzig Jahre alt –, hat er keine Kraft mehr gehabt. Die jahrelange Angst, seine Stellung zu verlieren, hatte den Mann zerstört.

Ihr Vater wurde 92! Wie lebt ein Wesen dreißig Jahre ohne Kraft?
Nun, er hat im wesentlichen das getan, was ich ihm gesagt habe. Ich habe ihm gesagt, du mußt sparen, wir wollen doch ein Haus kaufen, und du mußt auch 10 000 Mark beibringen, sieh mal zu, daß du die zusammensparst. Ich habe ihm eine Wohnung besorgt, dann ist er hier in das Haus gezogen. Als meine Mutter gestorben war, haben wir ihm in regelmäßigen Abständen eine Haushälterin besorgt; mit denen hat er ab und zu Streit gekriegt und sie hinausgesetzt, dann mußten wir eine neue besorgen. Alle wichtigen Entscheidungen haben wir getroffen.

Kam Ihr Vater damit zurecht, mochte er dieses Verhältnis?
Ja, das glaube ich. Vor allen Dingen hat er sich mit meiner Frau sehr gut verstanden – oder sie sich mit ihm.

Wenn Sie sagen, die Nazizeit hat ihn zerstört, hat das auch dazu geführt, daß er sein restliches Leben verbittert war?
Nein, das nicht. Diese zwölf Jahre haben die Energie in ihm kaputtgemacht.

Sie wußten ja auch von diesem jüdischen Großvater, aber Sie hatten offenbar keine Angst? Wie kommt das?
Weiß ich nicht. Ich bin im Grunde kein ängstlicher Mensch. Und dann war ja Krieg. Da wog die Angst vor Gefangenschaft oder die Angst vor schwerer Verwundung schwerer als alles andere.

Der Großvater hieß mit Nachnamen Gumpel. Wäre es zu ordentlichen Familienverhältnissen gekommen, hießen Sie heute vermutlich Helmut Gumpel.
Könnte sein, ja, Gumpel.

Ihr Vater hat ihn in den zwanziger Jahren aufgespürt und ihm einen Brief geschrieben, um ihn davon in Kenntnis zu setzen, daß er mittlerweile zwei Enkel habe – der eine müssen Sie gewesen sein.
Ja.

Die Antwort kam als Briefumschlag mit 50 Mark darin.
Ja.

Und das war dann auch der letzte Kontakt?
Jedenfalls der letzte, von dem ich weiß. Das spielt alles zur Zeit meiner Kindheit.

Wer hat Ihnen diese Geschichte erzählt, Ihr Vater?
Mein Vater, ja. Nach dem Krieg.

Welches Verhältnis haben Sie zu Herrn Gumpel?
Gar keins.

Haben Sie sich je dafür interessiert, wer er war und was nach 1933 aus ihm geworden ist?
Ich habe mich dafür interessiert, aber es ist zunächst nicht viel dabei herausgekommen. Es gab hier in Hamburg eine Forschungsstelle, die sich mit dem Schicksal der in Hamburg lebenden Juden beschäftigte; die habe ich gebeten – das liegt jetzt Jahrzehnte zurück – herauszufinden, wer Herr Gumpel war. Die haben nicht viel herausgefunden, denn der war wohl nur ein oder zwei Jahre hier in Hamburg gewesen. Später hat dann jemand, den ich persönlich gar nicht kenne, sich darangemacht, die Familie Gumpel ausfindig zu machen; sie muß in Bernburg an der Saale gelebt haben, und dort hat er in Kirchenbüchern und standesamtlichen Registern herumgeforscht. Heute weiß ich eine ganze Menge über die Gumpel-Familie, aber es interessiert mich eigentlich überhaupt nicht. Nur manchmal melden sich plötzlich Verwandte aus Amerika, aus Israel, entfernte Verwandte, die man gar nicht kennt – sehr witzig.

Haben Sie mal ein Bild von diesem Großvater gesehen?
Nee.

Also, Sie wissen gar nicht, ob Sie Ähnlichkeit mit ihm haben? Interessiert Sie das nicht?
Keine Ahnung. Warum soll mich das interessieren?

Wegen der Herkunft.
So etwas interessiert bloß Freiherrn, Grafen, Fürsten und ähnliche Leute. Die sind interessiert an der Dynastie, der sie zugehören. Die Vorfahren waren

alles ganz große Leute, und jetzt bilden sie sich ein, daß sie auch groß sind.

Und wenn der Großvater ein Schuft war?
Möglicherweise war er nicht ganz in Ordnung. Zum Beispiel kann es ja nicht ganz in Ordnung gewesen sein, daß er die Frau, die er geschwängert hatte, nicht heiraten wollte. Deswegen muß er doch nicht notwendigerweise schon ein Schuft gewesen sein, so etwas kommt häufig vor, ganz in Ordnung ist es sicher nicht.

Apropos Aristokratie. Von Ihrem anderen Großvater haben Sie einmal gesagt, er gehörte zur Arbeiteraristokratie. Diese Tradition ist also in Ordnung?
Er war ein Schweizer Degen – so nannte man früher einen Arbeiter, der zugleich Setzer und Drucker gelernt hatte, sogenannte Arbeiteraristokratie. Aber die ist ja nicht erblich. Diesen Großvater habe ich gekannt. Wir wohnten in Barmbek, an der Westgrenze Barmbeks, und Opa Koch hatte seine Wohnung und den Laden, den seine Frau und seine Töchter führten, an der Mundsburg, das war ein Fußweg von einer halben Stunde. Da bin ich oft gewesen, den habe ich erlebt, den Großvater Koch, den Vater meiner Mutter. Der andere Großvater, der Adoptivvater meines Vaters, Opa Schmidt, war für mich allerdings kein so ganz angenehmer Typ.

Was zum Beispiel ...
Er schlug seine Frau.

Haben Sie jemals jemanden geschlagen?
Ja, ich war einmal drauf und dran, mich zu prügeln ...

Mit?
... mit den Kommunisten in Hamburg-Fuhlsbüttel, die unsere Plakate abrissen. Das muß in den fünfziger Jahren gewesen sein. Mein Freund Peter Schulz, später Bürgermeister hier in Hamburg und Bürgerschaftspräsident, damals ein junger Mann, hat mich davon abgehalten.

Noch eine Frage zu Ihrem jüdischen Großvater. Spielte das Judentum eine Rolle in Ihrem Leben?
Erst viel später hat mich interessiert, was meine väterlichen Vorfahren für Leute waren. Früher spielte meine jüdische Herkunft keine Rolle. Ich bin in Hamburg groß geworden, und in unserer Schule hatte vielleicht ein Drittel der Kinder jüdische Eltern. Aber das haben wir gar nicht zur Kenntnis genommen. Man hat nicht mal wirklich gewußt, was ein Jude ist. Erst in der Nazizeit waren dann plötzlich der Helmut Gerson oder der Ralf Ergas nicht mehr da. Die waren mit ihren Eltern ausgewandert. Daß ihr Leben bedroht war, haben wir nicht kapiert. Meine Schwiegereltern schon eher. Die versteckten vielfach jüdische Freunde bei sich auf dem Boden. Die blieben immer nur eine Nacht, und dann wieder bei jemand anderem. Aber daß die umgebracht werden sollten, das wußte man nicht.

Warum haben Sie Ihre »nichtarische« Herkunft erst nach dem Rücktritt vom Kanzleramt publik gemacht?
Aus Rücksicht, im wesentlichen, auf meinen Vater. Mein Vater war altertümlich erzogen. Er empfand seine teilweise jüdische Herkunft keineswegs als Makel, aber seine uneheliche Geburt empfand er als Makel. Ganz komisch, kleinbürgerlich bis dorthinaus, aber so war es. Es war die Rücksicht auf meinen Vater, die mich veranlaßt hat, davon nicht zu reden. Ich habe das erste Mal darüber geredet zu einem Freund – das war Giscard d'Estaing –, als mein Vater gestorben war. Und später hat Giscard ein Buch geschrieben, über seine politische Laufbahn, und darin unter anderem auch über seine Freundschaft zu mir; er wollte gern schreiben, daß ich ihm das anvertraut hatte. Er hat mich gefragt, darf ich das, und ich habe gesagt, bitte sehr. Und so ist es dann an die Öffentlichkeit gelangt.

Sie hatten keine Angst davor, daß in der Öffentlichkeit eine negative Reaktion hätte erfolgen können, wenn dieser Umstand schon früher, zur Zeit Ihrer Kanzlerschaft, bekanntgeworden wäre?
Nein, gewiß nicht.

So wie bei Willy Brandt alias Herbert Frahm zum Beispiel.
Ja, das war eine der Gemeinheiten von Adenauer. Nein, diese Sorge hatte ich nicht, es war die Rücksichtnahme auf meinen Vater.

Wie viele Antisemiten sind Ihnen in den ersten Jahren nach dem Krieg begegnet?

Antisemiten? Sie meinen, in Deutschland? Bewußt ist mir keiner begegnet, nein. Ich war daran beteiligt, Mitte der sechziger Jahre einen Deutschen jüdischer Religion und jüdischer Herkunft zum Hamburger Bürgermeister zu machen. Das war Herbert Weichmann. Der war nach Amerika emigriert, von Max Brauer später nach Deutschland zurückgeholt worden; zunächst war er Präsident des Rechnungshofes des Stadtstaates Hamburg, dann Finanzsenator. Er war Finanzsenator zur gleichen Zeit, als ich Innensenator war. Und dann brauchten wir einen neuen Bürgermeister, übrigens auch aus so einem kleinkarierten, kleinbürgerlichen Grund. Die Hamburger Sozis nahmen es dem Bürgermeister Nevermann übel, daß er sich scheiden ließ. Da haben sie ihn gezwungen zurückzutreten. Ich fand das skandalös, aber das war so. Es gab eine kleine Kommission, die sollte einen Kandidaten aussuchen, der als Nachfolger Nevermanns Bürgermeister werden sollte. Dieser Kommission gehörte ich an; wir waren sieben Leute und haben uns ganz schnell auf Herbert Weichmann geeinigt, und er wurde dann auch gewählt. Er wurde ein wunderbarer Bürgermeister. Erst nachträglich habe ich mich gewundert, daß die Hamburger ganz selbstverständlich, ohne daß irgend jemand eine Frage gestellt oder eine Bemerkung gemacht hat, diesen Juden zum Bürgermeister gewählt haben. Das war in Deutschland zu jener Zeit nicht ganz selbstverständlich, wohl aber in Hamburg. Ich habe mich vorhin etwas enthusiastisch über die republikanische Gesinnung dieser Stadt geäußert, das hing sicher auch mit diesem Vorgang zusammen. Nein, Antisemiten habe ich nicht erlebt.

Wie haben Sie die Äußerung von Ignatz Bubis in seinem letzten Interview, im Nachgang zur Walser-Debatte aufgefaßt, er habe nichts oder fast nichts bewirkt?
Ich habe diese Bemerkung von Bubis, er habe nichts bewirkt, für unzutreffend gehalten. Die Debatte hat ihn vielleicht innerlich furchtbar aufgeregt, mag so sein. Aber ich habe mich damals über seine Bemerkung gewundert. Ich war mit einem der herausragenden Sprecher des Weltjudentums sehr befreundet, das war Nahum Goldmann. Vielleicht hatte Bubis als Deutscher einen etwas geringeren Horizont als jemand wie Nahum Goldmann, einen vielleicht zu deutschen Horizont, das könnte sein. Diese Äußerung, er habe nichts bewirkt, stimmt jedenfalls nicht. Er hat zum Beispiel auch uns im Senat der Nationalstiftung beeinflußt.

Und die Gräberschändungen? Jede Woche werden irgendwo in Deutschland jüdische Gräber oder jüdische Einrichtungen geschändet. Raten Sie da auch, das nicht so ernst zu nehmen und besser in den Hintergrund zu drücken?
Das sind meistens jugendliche Täter, und ich bin mit dem Zustand der Jugendstrafjustiz in Deutschland überhaupt nicht zufrieden. Die ist in meinen Augen nicht im entferntesten stringent genug. Man

hat viel zuviel Verständnis für den jugendlichen Täter und viel zuwenig Verständnis für das Opfer und für das öffentliche Wohl. Ich würde diese Jungs ins Gefängnis stecken, statt ihnen eine Strafe mit Bewährung zu geben und das zweite Mal wieder mit Bewährung und möglicherweise »Erlebnisurlaub« in Südamerika.

Ins Gefängnis?
Ja.

Mit 14?
Mit 14 noch nicht. Es kommt aber auf die Tat an. Wenn er einen Grabstein umgeschmissen hat, würde ich ihn dazu verdammen, das Grab wieder in Ordnung zu bringen. Aber mit 15 durchaus auch ins Jugendgefängnis, ja. Ich glaube an das, was die Juristen Generalprävention nennen, Strafe als Mittel der Generalprävention – Abschreckung auf deutsch. Das Verständnis für jugendliche Straftäter geht bei uns viel zu weit. Da gibt es junge Leute, 16jährige, die eine Straftat nach der anderen begehen und immer noch auf freiem Fuße sind. Es gibt Jungs, die keine 16 Jahre alt sind, die alte Frauen überfallen und ihnen die Handtasche wegnehmen, Jungs, die einen alten Mann totschlagen, um die Ladenkasse zu rauben. Es ist abwegig, das in erster Linie als Pädagoge zu beurteilen. In erster Linie hat man das Wohl der Gesamtgesellschaft zu sehen, das ist meine Meinung. Das gilt genauso für jugendliche Straftäter, die sich daran vergnügen, Ausländer zu hetzen, oder jugendliche Straftäter, die antisemiti-

sche Schmierereien veranstalten. Ich würde härter durchgreifen wollen.

Härter durchgreifen.
Ja.

Aber glauben Sie, daß das wirklich hilft? Wenn so ein Straftäter dann wieder aus dem Gefängnis kommt …
Ob es ihm hilft, ist in meinen Augen nicht so wichtig, als daß es andere davon abschreckt, dasselbe auch zu tun. Wer rückfällig wird, riskiert, daß er schließlich in Sicherheitsverwahrung kommt. Jedenfalls muß die Gesellschaft geschützt werden vor Verbrechern, und Jugendkriminalität ist oft der Anfang einer Verbrecherlaufbahn.

Ich will in dem Zusammenhang mal eine Bemerkung machen, die Sie ärgern wird. Die Überflutung der Kinder und jungen Leute mit Videos und Fernsehen vermittelt ein völlig falsches Bild des Lebens und der Gesellschaft. Wenn ich mich abends, wenn ich zu müde bin, ins Bett zu gehen, noch mal eine halbe Stunde vor die Glotze setze und zweimal hinauf- und hinunterzappe, dann sehe ich mehrere Totschläge, Morde oder Mordversuche, Verbrecherjagden oder Automobiljagden, lauter Unglück, mindestens eine versuchte Vergewaltigung. Und auf den Videos ist es noch viel schlimmer, es kann ja keiner kontrollieren, was da alles drauf ist. Dann gehe ich ins Bett und bin beruhigt, daß alle meine Vorurteile gerechtfertigt sind. Den Jugendlichen wird suggeriert, dieses sei das wirkliche Leben. Was die Mutter erzählt, das ist ihnen Kokolores, da braucht man nicht hinzuhören.

Die Videowelt ist das wirkliche Leben, das halten sie für normal. In den meisten Fällen überwindet ein junger Mensch dieses Stadium nach einiger Zeit, irgendwann kommt ja auch der Vater und nimmt ihm das Video weg. Aber es gibt heutzutage eben mehr Junge, bei denen deswegen die Entwicklung aus dem Ruder läuft, als noch vor einigen Jahrzehnten.

Das ärgert mich gar nicht. Ich stimme Ihnen zum Teil zu, frage nur nach der Konsequenz. Sie sind der erste und der letzte gewesen, der versucht hat, einen fernsehfreien Tag einzuführen.

Nicht, ihn einzuführen. Ich wollte das nicht von Staats wegen verordnen, sondern das war ein Appell. Ich habe empfohlen – das war wohl 1978 –, jede Familie solle einmal in der Woche den Stecker rausziehen und statt dessen miteinander »Mensch, ärgere dich nicht« spielen, Musik machen oder sich gegenseitig etwas vorlesen. Aber ich habe schon geahnt, wohin das Ganze führt. Meinen Aufruf haben die Journalisten im Fernsehen dann furchtbar lächerlich gemacht. Die fanden das abwegig.

Welche Wirkung hat das Fernsehen, gerade wenn es über solche Dinge wie Friedhofsschändungen berichtet? Oft passiert doch das Gegenteil: Danach gibt es noch mehr Hakenkreuze auf Gräbern.

Weil der Tabubruch durch die Fernsehanstalten und durch die Boulevard-Presse mit Genuß verbreitet wird. Da liegt ja das Problem: im Reiz zur Nachahmung. Und wenn Sie dann sehen, wie lange die Jugendstrafgerichtsbarkeit braucht, bis sie einen Täter verurteilt! Es hat neun Jahre gedauert, bis die jugendlichen Verbrecher von Rostock-Lichtenhagen endlich verurteilt wurden. Neun Jahre nach der Tat! Es stinkt zum Himmel!

Wer versagt denn da?
Die Justiz insgesamt, und dazu gehört auch das Jugendstrafrecht und die Art und Weise, wie es gehandhabt wird.

Vielleicht liegt es auch an falschen Vorbildern. In Ihrer Jugend, denke ich, waren Schriftsteller und Philosophen die Vorbilder oder die Idole, und heute sind es eher Models oder Schauspieler oder Fußballer. Wie erklären Sie sich das?
Das ist nicht ganz richtig. Auch in meiner Kinderzeit und Jugendzeit war ein großer Fußballer ein großer Held – als ich 14 war, Tull Harder.

Wie?
Tull Harder, kennen Sie gar nicht, damals die große Kanone des HSV.

Den kennt in der Runde wohl keiner.
Später hießen diese Helden dann Uwe Seeler oder Fritz Walter, das war aber schon eine Generation nach mir. Für uns als Jungs waren große Sportler durchaus Idole, nicht die Philosophen oder die Schriftsteller. Später, im Laufe der Nazizeit, habe ich dann natürlich auch Schriftsteller verehrt, an denen ich mich heimlich erbaute. Ernst Wiechert zum Beispiel, mit dem Buch »Das einfache Leben« – haben

Sie das jemals in der Hand gehabt? Das hat uns in der Nazizeit viel Mut gemacht, übrigens auch Herbert Wehner, da haben wir uns später mal drüber unterhalten. Aber auch Filmschauspieler waren Idole, natürlich, Marika Rökk oder – wie hieß das Mädchen, das »Lili Marleen« gesungen hat –

Lale Andersen.
Lale Andersen, natürlich. Das waren für uns große Stars.

Welchen Film haben Sie zuletzt im Kino gesehen?
Kann ich Ihnen nicht sagen. Das ist wahrscheinlich tausend Jahre her.

Ihr Lieblingsfilm?
Am stärksten hat mich Spencer Tracy beeindruckt. Es war wohl noch vor dem Krieg, und er spielte einen Fischer, ähnlich wie später in Hemingways »Der alte Mann und das Meer«. Tracy war damals ein junger Mann. Sehr glaubwürdig. Hervorragend.

Haben Sie jemals ein politisches Vorbild gehabt?
Ja, ein politisches Vorbild habe ich sehr bewußt gehabt, das hieß Fritz Erler. Der Mann ist 1966 gestorben. Er war höchstens fünf Jahre älter als ich, aber 1933 gerade schon erwachsen. Er kam aus der sozialistischen Jugend und hat dann lange Jahre im Zuchthaus und im Moor, im Lager gesessen. Nach dem Krieg kam er in die Politik zurück als ausgeprägte Persönlichkeit. Er hat nie eine Universität von innen gesehen als junger Mann, aber er hatte

sich mehr allgemeine Bildung erworben als die Mehrheit der heutigen Professoren; und er hatte das Wichtige gelesen, das Wichtige sich angeeignet. Darüber hinaus war er ein begnadeter Debattenredner, sehr sachlich, kaum jemals polemisch. Für mich war er ein Vorbild. Den konnten Sie bitten, in einer Debatte über eine gesundheitspolitische Frage zu sprechen, Sie konnten ihn bitten, in einer Frage, die die NATO oder die Verteidigung betraf, zu sprechen, Sie konnten ihn in eine außenpolitische Debatte schicken, in eine verfassungspolitische Debatte, seine Rundumbildung reichte aus für alle diese Felder. Vielleicht gab es auch ein paar Felder, über die er nicht geredet hätte, Musik vielleicht, aber das weiß ich nicht. Der Mann war für mich eine Autorität, ja.

Halten Sie es grundsätzlich für wichtig, sich an Vorbildern zu orientieren?
Es ist jedenfalls sehr hilfreich, wenn Sie das Glück haben, ein Vorbild zu finden. Es wird vielleicht nicht für das ganze Leben reichen, aber vielleicht für einen wichtigen Abschnitt Ihres Lebens. Ja, würde ich schon sagen, daß es hilfreich ist, sich an Vorbildern zu orientieren.

Glauben Sie auch, daß man als Politiker aus der Geschichte lernen kann oder sogar muß?
Beides, die Politiker können daraus lernen und sollten daraus lernen. Die meisten versuchen das auch. Aber je weiter die Geschichte fortschreitet, um so mehr verblassen die Beispiele aus vorangegangenen

Zeiten, oder sie werden in unverantwortlicher Weise glorifiziert. Ich habe heute morgen die athenische Demokratie im Zeitalter des Perikles erwähnt. Es wird der heutigen Jugend verschwiegen, daß das eine Sklaverei-Gesellschaft war. Das war eine Demokratie, aufgebaut auf der Sklaverei, die Sklaven mußten die Arbeit machen. Was die Geschichtslehrer da an idealistischer Verballhornung zustande gebracht haben, ist erstaunlich.

Da wir schon einmal bei der alten Geschichte sind: Sie haben sich früh und immer wieder gern auf Marc Aurel berufen.

Ja. Marcus Aurelius war für mich in doppelter Weise ein Vorbild. Er war ein römischer Kaiser, der sein ganzes Leben lang Krieg hat führen müssen und das eigentlich nicht gern gewollt hat, aber es war seine Pflicht. Zwei Dinge haben mich an ihm angezogen, einmal dieses Pflichtbewußtsein und zum anderen die Selbsterziehung zur inneren Gelassenheit. Die Philosophen würden sagen, ein nicht ganz unerheblicher später Stoiker. Der Zufall hat mir, als ich 14, 15 war, seine sogenannten Selbstbetrachtungen in die Hand gegeben. Ich habe sie immer bei mir getragen, sie auch im Krieg immer bei mir gehabt. Marcus Aurelius hat mir durchaus geholfen, ja, und er ist auch heute in meinen Augen ein Staatsmann, den man als Vorbild empfinden kann.

Sie betonen immer gern die Macht des Arguments. Sehr oft im Verlauf des heutigen Gesprächs haben Sie davon

geredet, daß Politik mit Argumenten gemacht wird, dadurch, daß man zu überzeugen versucht.
Jedenfalls in der Demokratie.

Aber Politik besteht ja nicht nur aus dem Austausch von Argumenten. Es sind doch noch sehr viele andere Faktoren im Spiel.
Das ist richtig, trotzdem können Sie in der Demokratie auf die Kunst des Argumentierens nicht verzichten. Sie ist in einer absoluten Monarchie überflüssig, sie ist auch in einer Diktatur absolut überflüssig – und für denjenigen, der anfängt zu argumentieren, möglicherweise sehr gefährlich. Demokratie aber lebt vom Kampf der Argumente gegeneinander.

Ist Charisma nicht auch eine notwendige Voraussetzung in der Politik?
In der Politik kann man ohne Charisma nicht viel bewegen. Der Ausdruck stammt von Max Weber, Sie finden ihn zuerst in seinem Vortrag »Politik als Beruf«. Was damit gemeint ist, ist gar nicht so ganz einfach zu verstehen. Ausstrahlung, würde man heute vielleicht sagen. Ein erhebliches Maß davon ist in einer Demokratie wünschenswert. Wer keine Ausstrahlung zustande bringt, wer eher ein Buchhalter ist – alles korrekt, sauber, ordentlich –, der wird kaum etwas erreichen, wenn er andere für seine Sache einnehmen will. Anordnungen treffen, von oben diktieren – das konnte auch Heinrich Himmler, der die Ausstrahlung eines hölzernen Tisches hatte. Als Persönlichkeit wirkte der auf niemanden. Der hatte nur Macht.

In einer Demokratie hingegen müssen Sie überzeugen. Also müssen Sie auf andere Menschen wirken. Man kann es wie Herr Gysi mit einem erheblichen Maß an Witz und Schlagfertigkeit zu Charisma bringen. Oder wie der alte Adenauer, den ich noch sehr gut erinnere; der hatte zwar wenig glänzende Ausstrahlung – aber irgendwie hatte er Autorität. Oder nehmen Sie einen Kerl wie den Franz Josef Strauß. Der hat zwar auch Mist gemacht in seinem Leben, jedenfalls in meinen Augen; trotzdem konnte ich mich seinem Charme nicht entziehen. Die Demokratie ist eine Sache mit tausend Fehlern und Gefährdungen, und natürlich sind charismatische Begabungen auch eine Gefährdung. Für den, der sie hat – und erst recht für jene, denen gegenüber sie wirksam werden.

In der ersten Reihe stehen also nicht immer die, die die besten Argumente haben. Viele werden nichts, weil sie vielleicht sogar zu stark auf Argumente vertrauen. Ich denke an Politiker wie Barzel oder Biedenkopf oder Geisler. Das sind alles brillante Rhetoriker, die klug argumentieren, die es aber als Politiker nie bis an die Spitze geschafft haben.

Wenn ich bösartig wäre, würde ich sagen, Ihre Beispiele sprechen gegen die CDU, aber das wäre bösartig. Ich würde statt dessen sagen, Ihre Beispiele beweisen nur, daß Demokratie eben nicht ohne schwere Schattenseiten ist. Demokratie ist durchaus eine Herrschaftsform, in der auch Scharlatane gewählt werden können.

Aber was ist denn dieses Quantum, das den eben Genannten fehlte, um an die Spitze zu kommen? Was fehlte ihnen, Ellenbogen oder Glück?
Ja, Ellenbogen gehören sicherlich auch dazu. Wenn einer an die Spitze will, braucht er jedenfalls Ellenbogen. Glück? Glück, Zufall, alles mögliche spielt eine Rolle, das ist wahr, aber ohne die Kraft des vernünftigen Arguments und des Gegenarguments und ohne den Willen zum Kompromiß ist Demokratie nicht aufrechtzuerhalten. Das letzte will ich noch mal dick unterstreichen. Ohne den Willen zum Kompromiß ist Demokratie nicht aufrechtzuerhalten. Das wird in Deutschland oft nicht verstanden.

Petra Kelly hat das beispielsweise nie verstanden, daß Politik Kompromisse erfordert, sie sagte ...
Na, die Grünen insgesamt verstehen das ganz schwer, das kostet sie bis heute große Anstrengungen.

Haben Sie denn Hoffnung, daß sie das jetzt, in der Regierungsverantwortung, lernen?
Weiß ich nicht. Irgendwann werden ja auch die jungen Leute erwachsen. Aber es gibt heute in der Politik Typen, deren Pubertät reicht bis zum fünfzigsten Geburtstag.

Wie beneidenswert! Haben Sie denn eine Erinnerung an die Pubertät?
Habe ich, aber ich war ein Spätblüher.

Das heißt?
Im Verhältnis zum anderen Geschlecht ein Spätblüher.

Das habe ich verstanden, aber wie sah das genau aus bei Ihnen?
Das weiß ich auch nicht so genau zu erklären. Ich war scheu, aber spezifische Erinnerungen ... Ich erinnere mich an diese komplexe psychische Lage in der Pubertät, nicht genau zu wissen, wo man hingehört. Das meinte ich, als ich eben sagte, ich erkenne heute in der Politik einige Leute, die noch mit fünfzig Jahren die Pubertät nicht hinter sich haben, weil sie immer noch nicht wissen, wo sie wirklich hingehören oder wo sie hinwollen.

Ich denke, wir haben verstanden, worauf Sie hinauswollen. Aber würden Sie wirklich sagen, daß die 68er-Bewegung im Grunde eine pubertäre Angelegenheit war?
Na ja – das war mehr eine Psychose als sonstwas. Es ist den meisten deutschen 68ern ja nicht klar gewesen, daß diese sogenannte Bewegung in Wirklichkeit an den amerikanischen Universitäten als Protest gegen die Kriegführung in Vietnam entstanden ist. Von da ist sie herübergeschwappt in die Universitäten in Paris, und von da ist sie dann nach Deutschland gekommen. Zum Teil haben die dann auch hier Vietnam als Aufhänger ihrer Proteste genommen – denken Sie mal an dieses Geschrei »Ho Ho Ho Chi-Minh«. Aber zum Teil wurde der Protest dann auch transponiert auf andere Gegner. Plötzlich schwärm-

ten die alle für Mao Tse-tung; die hatten keine Ahnung von Mao, schwenkten aber dieses alberne kleine rote Büchlein mit seinen Sprüchen und hielten sich für Maoisten. Andere hielten sich für Leninisten, andere hielten sich für Marxisten aller Art. Das war eine Psychose, gefördert durch einige Hochschullehrer. Andere Hochschullehrer haben sich dagegen gewehrt und sich dabei zum Teil in den Mitteln vergriffen, das hat die Sache nur noch mehr aufgestachelt. Aber das ist ja alles lange her.

Nur eines will ich in diesem Zusammenhang unterstreichen: Alle Fernseh-Gesellschaften sind anfällig für Psychosen, aber die Deutschen besonders. Wir haben in den letzten Jahren zwei ganz große Psychosen erlebt: die eine, als die bis dahin öffentlich durchaus umstrittene englische Prinzessin in einem Straßentunnel in Paris zu Tode kam und alle plötzlich tief betroffen waren. Die andere Psychose war diese idiotische Welle, Aktien zu kaufen von Firmen, die noch nie ein Stück produziert hatten. Auch manche Angestellten im ZEIT-Verlag fingen plötzlich an, Aktien zu kaufen ...

Vielleicht haben Sie sie zu schlecht bezahlt?
Nein. Es war eine Ansteckung, eine Massenpsychose.

Psychose ist ein hartes Wort. Eine Psychose ist eine Krankheit. Ich weiß, daß Sie immer klare Worte gewählt haben, aber Altersweisheit oder Milde erkenne ich darin jetzt nicht. Sind Sie in der Beurteilung des Vergangenen härter geworden, schärfer?
Nein, das glaube ich nicht.

Lady Diana und der Neue Markt: Ich bin nicht sicher, ob man das miteinander in Relation setzen kann, als Neurosen ...

Nennen Sie es, wie Sie wollen. Jedenfalls wäre nichts davon zustande gekommen ohne die elektronischen Medien.

Aber der Ausgangspunkt war ja die 68er-Bewegung. Würden Sie sagen, daß es sich bei der Campus-Bewegung in den USA gegen den Vietnam-Krieg um eine Psychose gehandelt hat?

Nein, das würde ich nicht sagen. Aber, was sich daraus auf dieser Seite des Atlantiks dann entwickelt hat, das trug zum Teil psychotische Züge.

Sie haben doch den Vietnam-Krieg der Amerikaner selber sehr stark kritisiert.

Ja. Allerdings nicht aus einer Emotion heraus, sondern aus dem Verstand; das sind zwei verschiedene Dinge. Ich habe mal Rudi Dutschke erlebt. In eine große Pressekonferenz hatte er sich eingeschlichen – wahrscheinlich hatte er einen Presseausweis – und Fragen gestellt. Die waren absolut abwegig, dummes Zeug, zum Teil Quatsch.

Das waren keine Fragen, das war eine bestimmte Provokationstechnik.

Das ist richtig. Aber auf dieser Pressekonferenz konnte er damals keinen provozieren. In Deutschland sind die Anfänge im SDS schon Ende der fünfziger Jahre und zu Beginn der sechziger Jahre zu erkennen gewesen. Das hat ja dazu geführt, daß die sozialdemokratische Parteiführung ihre Verbindung zum SDS abgeschnitten und gesagt hat, mit euch wollen wir nichts zu tun haben. Das muß um 1960 gewesen sein. Nur, ohne den Vietnam-Krieg und ohne die mit Vietnam zusammenhängende Begeisterung für den asiatischen Kommunismus, personifiziert in Ho Chi-Minh und in Mao Tse-tung, hätte der SDS keine Breitenwirkung erzielen können.

Würden Sie im nachhinein sagen, daß Sie etwas gelassener hätten reagieren müssen vielleicht?
Ich?

Ja, Sie, manchmal.
Nein.

Von heute aus auch nicht?
Nein, ich nicht. Im Gegenteil, ich habe mich vorhin über Jugendstrafgerichtsbarkeit ausgelassen. Auch die Gesetzesübertretungen während der Revolte in Berlin und Frankfurt, zum Teil auch hier in Hamburg, hätten nach meiner Meinung ein zwar vernünftiges, aber entschiedeneres Eingreifen des Staates verdient gehabt. Diese Schnapsidee, Gewalt gegen Sachen sei erlaubt, allein Gewalt gegen Menschen nicht! Das hat ihnen ein hochangesehener Universitätsprofessor und Theologe erzählt.

Akzeptieren Sie denn eine Form des Widerstandes, der sich nicht innerhalb einer Partei oder einer Gruppierung, aber auf demokratischem Wege artikuliert?

Es kommt darauf an, Widerstand wogegen und unter welchen Umständen. Widerstand gegen die Nazis, Widerstand gegen die kommunistische Herrschaft, ja, das ist gerechtfertigt. Ob das schon Mord rechtfertigt oder Entführung und Geiselmord, das ist eine ganz andere Frage. Im Prinzip ist Widerstand gerechtfertigt, notfalls auch gewaltsamer Widerstand. Solange Sie aber eine Demokratie haben, die funktioniert, bitte keine Gewalt.

Es waren nicht immer die Demonstranten, die das Mittel der Gewalt als erste gewählt haben.
Viele sind da hineingerutscht. Sie haben das wohl nicht von Anfang an gewollt. Einige haben es gewollt, aber die Masse ist hineingerutscht. Man konnte allerdings erkennen, wo es hinführen würde. Ich habe Frau Meinhof gekannt, als sie noch nicht gewalttätig war.

Und lächeln dabei.
Ja, das war eine sympathische, übrigens gutaussehende junge Frau, eine ordentliche Journalistin. Man brauchte ihre Meinung nicht zu teilen, aber man konnte mit ihr diskutieren. Ich habe dann von weitem beobachtet, wie sie da hineingerutscht ist, immer weiter und immer tiefer. Es war ja relativ früh, daß sie geschrieben hat: »Natürlich darf geschossen werden.«

Das war '68 in »Konkret«. Und wann sind Sie sich begegnet?
In meiner Hamburger Zeit, das muß '65 oder '64 gewesen sein. Wir haben miteinander geredet bei irgendeiner Gelegenheit, den Anlaß weiß ich nicht mehr. Aber an die Unterhaltung kann ich mich sehr deutlich erinnern. Das war ganz normal, und sie machte auf mich einen guten Eindruck.

Können Sie auch positive Anregungen der 68er-Bewegung ausmachen oder lehnen Sie die Bewegung auch im nachhinein vollständig ab?
Also, das ist so eine ähnliche Frage wie die: Lehnen Sie Wilhelm II. ab oder lehnen Sie Bismarck ab. Sie können Geschichte nicht ungeschehen machen. Was für einen Sinn hat es, nachträglich zu sagen, ich bin dagegen. Das ist eine seltsame Frage. Ich kann keine ausgeprägten positiven Konsequenzen der 68er erkennen, eher schon bei den Grünen, was Naturschutz und Umwelt angeht. Aber die Grünen-Bewegung ist nur teilweise eine Spätfolge der 68er-Geschichte. Bei den 68ern selber, ihren damaligen Wortführern, ist der Naturschutz total untergegangen. Einige sind später Professoren geworden und verkünden heute das Gegenteil von dem, was sie damals geredet haben. Ich kann auf den ersten Blick und auch auf den zweiten keine positiven Konsequenzen erkennen. Sie müßten mir vielleicht mal sagen, welche positiven Konsequenzen *Sie* sehen, dann würde ich darauf antworten können.

Viele 68er behaupten heute von sich selber, daß sie eine äußerst erfolgreiche Generation gewesen sind, weil sie aus der verspießerten, vermieften, undemokratischen und unfreien Gesellschaft der Bundesrepublik in den fünfziger und sechziger Jahren die freiheitlich liberale Gesellschaft der siebziger, achtziger und neunziger Jahre gemacht haben.

Das halte ich nicht für zutreffend. Die deutsche Gesellschaft der fünfziger und sechziger Jahre war weder verspießt noch war sie reaktionär, das ist Legende. Es war eine Gesellschaft, die ein moralisch und physisch am Boden liegendes Volk wieder einigermaßen auf die Beine gebracht hat, eine Glanzleistung sondergleichen. Daß da viele unerfreuliche Dinge auch eingeschlossen waren – was weiß ich, Globke, Seebohm und wie sie alle geheißen haben – und daß wir in der Regierung Adenauer auch richtige Nazis hatten und auch Nazis im Parlament: unerfreulich, ja sicherlich, aber wie hätte es denn anders sein sollen? Insgesamt war die Leistung, die die Deutschen in den fünfziger und sechziger Jahren vollbracht haben, unglaublich. Das nun nachträglich abzuqualifizieren, ist ungerechtfertigt, es ist eine Legende, zur Selbstrechtfertigung zurechtgemacht.

Daß wir zum Beispiel an den deutschen Hochschulen nach '68 eine noch viel negativere Entwicklung bekommen haben als vorher, daran kann nicht gezweifelt werden. Gucken Sie sich die Leistungsfähigkeit der heutigen deutschen Universitäten an, die ist weit unter dem Niveau, das wir in Amerika oder in England oder in Frankreich finden. Das ist die Folge dieses endlosen Gremiensalats und des Hineinsabbelns von Leuten in alle möglichen Probleme, von denen sie, weil selbst noch nicht ausgereift, nicht genug verstehen. Das ist eine schlimme Sache. Selbst nach dem Ersten Krieg war die deutsche Durchschnittsuniversität noch hervorragend, und die deutschen Spitzenuniversitäten Berlin, Tübingen, Heidelberg oder Göttingen hatten Weltniveau. Nennen Sie mir eine einzige deutsche Universität, die heute mit Harvard oder Chicago oder Stanford oder Cambridge oder mit der London School of Economics konkurrieren könnte! Es gibt keine. Das ist die Folge dieses Unfugs, den die Politik unter dem Druck der Studentenschaft in den siebziger Jahren angerichtet hat.

Das ist mir zu monokausal. Das können doch nicht alles die 68er gewesen sein.
Hab ich auch nicht gesagt.

Vielleicht ist es eine Volksmüdigkeit, eine Art von – ich will jetzt nicht sagen Degeneration –, aber einfach ein Abflachen in der Gemeinschaft ...
Ja, das spielt sicherlich eine Rolle, was Sie sagen. Sie können es ein bißchen zuspitzen und sagen: Die Vitalitätsreserven des deutschen Volkes sind durch zwei Weltkriege und die Nazizeit und den Wiederaufbau vorübergehend erschöpft. Im Augenblick sind sie jedenfalls sehr gering. Wir sprachen vorhin von der geringen Reproduktionsrate, das heißt vom fehlenden Nachwuchs – da sind wir ziemlich am Boden. Das muß nicht so bleiben, wird wahrscheinlich auch nicht so bleiben.

Ein Thema der 68er war der Vorwurf an die Elterngeneration, ihr wart zwar wirtschaftlich und materiell erfolgreich, aber moralisch wart ihr nicht erfolgreich, ihr habt den Maßstäben der Vergangenheitsbewältigung nicht genügt. Nun hat auch die 68er-Bewegung ihre Vergangenheit, und zu dieser Vergangenheit gehört sicher auch der Terrorismus. Wie empfinden Sie heute die Aufarbeitung der eigenen Vergangenheit durch die 68er selber? Ich fand, was wir in der Fischer-Debatte im letzten Jahr gehört haben, sehr interessant.

Herr Fischer hat ja, wenn man ihm zuhört, mit dem Terrorismus nichts im Sinn gehabt.

Das unterstelle ich ihm auch nicht. Meine Frage ist, ob Sie das Gefühl haben, daß die 68er sich mit ihrer Geschichte ausreichend auseinandersetzen?

Wahrscheinlich brauchen die noch ein paar Jahrzehnte, bis sie sich wirklich inhaltlich auseinandersetzen. Für die Gegenwart ist die Tatsache, daß Fischer ein Teil dieser Bewegung war – so wie andere auch, die heute in der Politik eine Rolle spielen –, eigentlich unerheblich. Ich halte ihn heute für ehrlich und gehe davon aus, daß er damals an Verbrechen nicht direkt oder indirekt beteiligt gewesen ist. Insofern ist seine Vergangenheit unerheblich. Aber die Auseinandersetzung, oder sagen wir etwas präziser, die Bewertung, die moralische und politische Bewertung von früheren Geschichtsabschnitten, wechselt natürlich von Jahrzehnt zu Jahrzehnt. Die Bewertung Bismarcks hat eine Reihe von Malen gewechselt, die Bewertung Heinrich Brünings hat mindestens schon zweimal gewechselt, die wird auch noch häufiger wechseln.

Was haben Sie empfunden, als Sie die Nachricht vom Tod der Häftlinge in Stammheim bekamen?
Das war ein Schock. Das hatte ich nicht für möglich gehalten. Mir blieb lange unklar, wie die da Waffen in ihren sogenannten Hochsicherheitstrakt reingekriegt haben. Ja, ein tiefer Schock. Daß sie Hanns-Martin Schleyer umbringen würden, nach Mogadischu, damit hatte ich gerechnet. Daß sie sich selber umbringen würden – damit nicht. Schwer zu begreifen.

Bis heute denken manche, daß der Staat beteiligt war an den Morden in Stammheim; halten Sie das für möglich? Und auch, daß Ihre harte Politik gegenüber der RAF zur politischen Eskalation beigetragen hat?
Welcher Staat hätte beteiligt sein sollen? Das Gefängnis untersteht der Landesregierung in Stuttgart. Und die soll das angeordnet haben? Wie verrückt muß einer sein, sich das so auszudenken? Und welche Eskalation? Wenn ich mich richtig erinnere, fing alles an mit der Ermordung des Berliner Kammergerichtspräsidenten von Drenkmann. Nicht der Staat hat also jemanden umgebracht; gemordet haben die. Dann haben sie einen entführt, dann die vier Polizisten und den Kraftfahrer von Hanns-Martin Schleyer getötet und viele Wochen später ihn. Und sie haben in Stockholm zwei deutsche Diplomaten erschossen. Und Anschläge verübt. Und Jürgen Ponto umgebracht, mit dem ich befreundet

war und dessen Kinder in der Klasse meiner Frau unterrichtet wurden. Das sind Verbrecher. Wer mordet, aus was für Motiven auch immer, der gehört vor Gericht und ins Gefängnis.

Statt dessen also die wunderschöne Theorie, daß die armen Ermordeten selber schuld sind. Denn darauf läuft die Entschuldigung der Terroristen ja hinaus, nach dem Motto: Sie konnten angesichts von Isolationshaft und Rasterfahndung gar nicht anders, als die Situation eskalieren zu lassen. Der Staat hat aber niemandem weh getan. Ich finde es wünschenswert, daß Verbrecher vor Polizei und Gericht Angst haben. Das ganze wunderschöne Sonntagsgeschwätz vom Rechtsstaat ist nichts wert, wenn der Staat seine Bürger nicht schützen kann. So wie heute in Simbabwe oder auf den Philippinen. Was eine typische Überreaktion des Staates ist, das hat man in Tschetschenien gesehen. Da sind wegen ein paar Nationalisten 100 000 Menschen ums Leben gebracht worden. Aber unser Staat hat keinen umgebracht.

Der damalige Bundesinnenminister Gerhart Baum versuchte 1979, mit den Terroristen zu reden ...

Ich habe Herrn Baum keinen Stein in den Weg gelegt. Aber soll ich Leute, die andere umbringen – nicht aus dem Affekt heraus, sondern geplant –, milde behandeln? Hätten Sie sie laufen lassen? Es war ein schwerer Fehler, daß wir im Fall der Entführung des Berliner CDU-Politikers Lorenz nachgegeben und uns auf einen Austausch eingelassen haben.

Sie persönlich haben nicht nachgegeben. Sie waren in der entscheidenden Phase krank.

Krank oder nicht – ich war ziemlich krank –, aber ich mache mir gleichwohl nach wie vor zum Vorwurf, daß wir damals nachgegeben haben.

War das Ihrer Meinung nach eine Schwäche Helmut Kohls?

Na, es war nicht nur Kohl, es war auch Klaus Schütz, es war die allgemeine Stimmung. Es war das erste Mal, daß so etwas vorkam, wir hatten keinerlei Erfahrung mit so etwas. Wenn ich ganz präsent gewesen wäre und die Sache nicht durch soundsoviele andere, die vorher darüber miteinander geredet hatten, präjudiziert gewesen wäre, hätte ich wahrscheinlich anders entschieden. Aber das weiß man nicht, das ist Vermutung, was wäre gewesen, wenn. Klar ist, wir haben nachgegeben, und ich war daran beteiligt und fühle mich deswegen durchaus belastet.

Anfang der achtziger Jahre sollen Sie mit Blick auf Helmut Kohls damaliges Verhalten im Krisenstab gesagt haben, daß Sie ihn im Bundeskanzleramt für ungeeignet hielten, da er sich allzu stark von seinen Gefühlen seinem Freund Peter Lorenz gegenüber habe leiten lassen.

Ich weiß nicht, was Sie da zitieren, dergleichen ist mir nicht in Erinnerung. Von heute aus gesehen, würde ich sagen, Kohl hat im Kampf gegen den deutschen RAF-Terrorismus seine Rolle als Oppositionsführer gut gespielt. Er hat sich damals selbst zum Austausch angeboten. Das soll erst mal einer nachmachen, da kann man nur den Hut ziehen.

Sie haben dann den Befehl gegeben, die »Landshut« zu stürmen. Wie war Ihnen zumute?
Wir sind unglaubliche Risiken eingegangen. Denken Sie an das Flugzeug, in dem über neunzig Menschen saßen. Die wollten von Mallorca aus dem Urlaub nach Hause fliegen. Und nun flogen sie nicht nach Frankfurt, sondern nach Rom, und von da in den Mittleren Osten, nach Oman, nach Somalia. Die Lokusse längst vollgeschissen, kein Wasser mehr, alle voller Todesangst, und jetzt waren sie alle schon verkabelt, mit Alkohol begossen, damit sie schön brennen. Und da haben wir versucht, das Flugzeug zu befreien. Das sind alles keine angenehmen Entscheidungen. Das konnte auch schiefgehen. Es konnte auch sein, daß in dem Augenblick des Befreiungsversuchs alle neunzig in die Luft gesprengt werden. Einfach ist so eine Entscheidung nicht. Die enorme Verantwortung für das Leben anderer habe ich als existentiell bedrückend empfunden.

Mit wem haben Sie sich beraten und woher nahmen Sie die Kraft?
Beraten habe ich mich mit den damals leitenden Politikern aller drei Fraktionen im Deutschen Bundestag und natürlich mit persönlichen Freunden. Woher ich die Kraft bezog? Ach, das sind so Fragen, die müssen Sie einem Psychologen stellen. Ich neige

nicht zur Selbstbespiegelung. Normalerweise hat die Kraft bei mir immer gereicht. Vielleicht nicht immer das Urteil, wohl aber die Kraft.

Sie sagten vorhin, die Bewertung historischer Ereignisse und historischer Persönlichkeiten wechsle von Jahrzehnt zu Jahrzehnt. Die Rolle, die Sie gespielt haben, scheint auch von Jahrzehnt zu Jahrzehnt anders bewertet zu werden. Wo wird man Sie in fünfzig oder hundert Jahren einordnen?
Jetzt kommen wir auf das Feld der Geschichtsphilosophie. Die Deutschen sind keine besonders guten Geschichtsschreiber, es gibt bei uns keine Tradition der guten Biographien. Noch zur Weimarer Zeit war die deutsche Geschichtsschreibung weitgehend eine glorifizierende, fast belletristische, jedenfalls schönmalerische Geschichtsschreibung. Nehmen Sie den Historikerstreit, heute vor zehn oder zwölf Jahren. Der ist noch immer nicht ganz überwunden. Es gibt immer noch Leute, die glauben, der Hitler wäre gar nicht so schlimm gewesen, wenn es den Stalin nicht gegeben hätte.

Ich versuche es noch einmal anders. Wer von den Kanzlern der Bundesrepublik Deutschland wird in der Geschichtsschreibung auftauchen? Helmut Kohl, weil zufälligerweise in seiner Amtszeit die Wiedervereinigung …
Die Wiedervereinigung ist zufällig in seiner Amtszeit möglich geworden, das stimmt. Aber: Er hat auch die Möglichkeiten genutzt. Er wird in der Geschichte schon eine Rolle spielen. Ob er deswegen

glorifiziert wird, ist eine ganz andere Frage, denn die wirtschaftliche Vereinigung ist heute, zehn Jahre nach der politischen Vereinigung, immer noch nicht geglückt, weil sie dilettantisch angefaßt worden ist. Dazu werden spätere Historiker – wenn wir endlich einmal Historiker mit ökonomischem Verstand kriegen sollten – das ihre beitragen.

Bei denen würden Sie aber bestimmt auch eine Rolle spielen?
Glaube ich nicht. Das ist aber auch nicht wichtig.

Versuchen wir trotzdem eine Einschätzung Ihrer Person und Ihrer Politik bei späteren Historikern. Also, da wäre zunächst Adenauer plus Fußnote Erhard ...
Erhard und Kiesinger sind in der Tat wohl eher eine Fußnote. Aber auf Adenauer und Brandt kommt es an – und dann wohl Kohl.

Da fallen Sie weg!
Wieso falle ich weg?

Zwischen Brandt und Kohl gab es immerhin acht Jahre Schmidt. Könnte man nicht auch argumentieren, daß Brandt in vielem nur fortgesetzt hat, was unter der Großen Koalition begonnen worden war, so wie Kohl ja letztendlich nur Ihre Politik exekutiert hat, die Sie mit der SPD nicht haben durchsetzen können?
Das Letztere ist richtig. Aber Brandt mit der Großen Koalition zusammenzuwerfen, finde ich nicht vernünftig.

Auch nicht, wenn man sagt, daß die ersten Zeichen etwa in Richtung Ostpolitik schon während der Großen Koalition unter dem Außenminister Willy Brandt gesetzt wurden?
Schon vorher, schon lange vorher.

Heißt das, daß Sie die Zäsur von 1974, die Zäsur zwischen Willy Brandt und Ihnen, nicht so deutlich ziehen würden?
Da ist sicherlich eine Zäsur. Aber die Zäsur zwischen Brandt und Kiesinger ist mindestens so bedeutsam.

Das Wort »mindestens« ist verdächtig. Immerhin stellte 1969 die SPD erstmals in der Geschichte der Bundesrepublik den Kanzler, während 1974 lediglich mitten in der Legislaturperiode der Kanzler ausgetauscht wurde.
Richtig. Deshalb halte ich die Zäsur zwischen Kiesinger und Brandt für tiefer gehend als etwa die zwischen Brandt und mir.

Sie haben eben gesagt, die Kraft habe bei Ihnen gereicht, vielleicht nicht immer das Urteil. Hat sich Ihre Urteilskraft im Laufe der Jahre verändert?
Sie hat hoffentlich nicht abgenommen. Ich glaube nicht, daß sie abgenommen hat.

Hat sie zugenommen? Also, ich habe das Gefühl, Sie machen noch schärfere Striche.
Nein, das glaube ich auch nicht. Ich habe inzwischen an Erfahrung gewonnen, aber daß deswegen die Urteilskraft insgesamt zugenommen hätte, das glaube ich nicht.

Fragen Sie sich manchmal, ob Sie vielleicht zu alt sind, um noch zutreffende Einschätzungen über unsere Zeit abgeben zu können?
Das kommt bisweilen vor. Aber nicht in bezug auf unsere Zeit insgesamt, sondern auf einige spezielle Erscheinungen wie zum Beispiel die weltweite Spekulation mit Hilfe von Finanz-Derivativen oder die *merger mania* von Spitzenmanagern. Es gibt aber auch umgekehrt Fragen, die ich heute, im Alter, besser beurteilen kann als früher.

Glauben Sie, daß Sie selbstkritisch genug sind?
Häufig bitte ich Freunde, Mitarbeiter oder meine Frau um ihre Meinung: Was hältst du von dem, was ich da gestern geschrieben oder gesagt habe? Was ist falsch, was ist übertrieben, was fehlt? Anschließend bilde ich mir mein eigenes Urteil, und dann habe ich auch keinen Grund mehr, daran sonderlich zu zweifeln. Abstrakte Selbstkritik ist nicht von großer Bedeutung für einen Politiker, der im öffentlichen Raum tätig ist.

Ich würde jetzt gern noch eine letzte Fragerunde anschließen und vorschlagen, dann unseren kleinen Gang durchs Haus zu machen. Jeder noch eine Frage. Herr Bastian, vielleicht wollen Sie anfangen.

Ich könnte Sie jetzt nichts mehr fragen, was mich brennend interessiert.
Darf ich Sie was fragen, was mich brennend interessiert?

Ja.
Sie sind ein selbständiger Gewerbetreibender.
(Jawohl.)
Das heißt, Sie sind Zwangsmitglied der Hamburgischen Handelskammer. (Ich kam nicht umhin.)
Ja, finden Sie das richtig? (Nein.)
Ich bin auf Ihrer Seite.

Erinnern Sie sich noch an Ihr erstes eigenes Fahrrad?
Da war ich vermutlich 13 Jahre alt. Ich bekam es von meinen Eltern, und ich konnte es auch gut gebrauchen, denn der Schulweg dauerte zu Fuß eine ganze Stunde. Das Rad war lackiert, schwarz, daran erinnere ich mich. Jedenfalls sah es unscheinbar aus. Und weil wir damals im fünften Stock wohnten, hieß es dann jeden Tag, den Gott werden ließ: das Rad fünf Treppen hochtragen und morgens fünf Treppen wieder runter ...

Sie haben viele amerikanische Freunde. Ihr Leben lang haben Sie immer Freunde in Amerika gesucht und gefunden. Sie sind aber in den letzten Jahren, ich will nicht sagen, zum Anti-Amerikaner geworden ...
Nein.

... aber Sie haben sehr starke antiamerikanische Töne immer wieder verlauten lassen.
Bisher noch nicht, das kommt vielleicht noch. Aber das sind nicht antiamerikanische, sondern kritische Bemerkungen über einige aktuelle Züge der amerikanischen Außenpolitik, das ja. Wenn ich aus irgendeinem Grunde gezwungen wäre, Deutschland

fluchtartig zu verlassen, würde ich immer noch nach Amerika gehen als erste Wahl, denn die persönliche Freiheit, die einer dort hat, ist wirklich erstaunlich. Die Gastfreundschaft der Amerikaner übrigens auch.

Nicht nach Frankreich?
Frankreich würde sich für mich nicht anbieten, weil ich außer »oui, Madame« kein Französisch kann. Und ich hätte wenig Gelegenheit, diese phänomenalen französischen Sprachkenntnisse loszuwerden.

Welche Sprachen sprechen Sie?
Gar keine, nur Englisch – und Plattdeutsch. Das ist natürlich ein Manko. Das ist eine der Schattenseiten meiner Schule. Da haben die Kunsterziehung, die Musikerziehung und die Sporterziehung eine große Rolle gespielt, aber Sprachen und Naturwissenschaften wurden vernachlässigt. Man kann nicht auf der Schule alles gleichermaßen betreiben.

In welchem anderen Land hätten Sie gern gelebt – oder hätte Sie Heimweh nach Deutschland gehindert?
Warum hätte ich aus Deutschland weggehen sollen? Ich bin doch hier zu Hause.

Viele sagen, es sei nicht so wichtig, daß man in Deutschland lebt, und gehen woanders hin. Das hat Sie nie umgetrieben?
Nein. Es sind auch nicht so viele, von denen Sie da sprechen. Es sind zum Teil Rentner, die ihre Rente, jedenfalls im Winterhalbjahr, in Mallorca oder in

Gran Canaria verbrauchen, und zum Teil sind es junge Leute, die sich was zutrauen und glauben, sie haben anderswo bessere Chancen. Aber die Masse der Leute denkt nicht daran, das Land zu verlassen. Dazu geht es ihnen hier zu gut. Das war vor hundert und zweihundert Jahren, zur Zeit der großen Auswanderung nach Kanada und USA, ganz anders. Da sind die Leute zu Hunderttausenden jedes Jahr rausgegangen, weil sie hier am Verhungern waren – in Polen, in der Ukraine, in Litauen, in Irland und auch hier in Deutschland. Das war eine ganz andere Zeit. Die große Auswanderung fällt zusammen mit dem Elend hier zu Hause. Aber wer lebt hier heute im Elend?
Frau Schmidt: Früher hast du aber auch solche Überlegungen gehabt: Nach dem Abitur wolltest du in eine große Ölfirma eintreten.

Da wollten Sie auswandern?
Ja, das stimmt. Als im Herbst 1939 meine Wehrpflicht zu Ende gehen sollte, wollte ich raus aus Deutschland – wegen der Nazis. Das war das Motiv. Ich ging zur Shell und wollte als Volontär nach Batavia – Holländisch-Indien hieß das damals, heute heißt es Indonesien. Dann kam der Kriegsausbruch, ich mußte Soldat bleiben. Später habe ich erfahren, daß die Holländer damals alle Deutschen in Indonesien einkassiert und eingebuchtet haben. Nach dem Krieg hat es einen brutalen Krieg gegeben zwischen den Leuten, die dort zu Hause sind, und der holländischen Kolonialmacht; das verdrängen die Holländer heute gern.

Haben Sie die Provinzialität, die man Ihrem Nachfolger besonders zu Anfang seiner Kanzlerschaft nachsagte, auch als solche empfunden?
Hm.

Ich habe zwei banale Fragen: Wann Sie das erste Autogramm gegeben haben und wie es Ihnen vorgekommen ist.
Wann das war, weiß ich nicht. Aber es kommt mir heute noch komisch vor.

Wie oft passiert das denn?
Leider Gottes fast jeden Tag. Wollen Sie auch eins?

Hatten Sie jemals Haustiere?
Als ich noch Kind war, hatten wir zu Hause über einige Zeit zwei Zebrafinken im Vogelbauer. Ich habe sie sehr geliebt.

Können Sie kochen?
Nein – außer Tee und Kaffee nichts.

Sie haben gelegentlich Werbung gemacht: für die Billy-Regale von Ikea, für die ZEIT, zuletzt für den Euro. Viele Anfragen haben Sie wahrscheinlich abgelehnt. In welchen Fällen stehen Sie für Werbung zur Verfügung?
Ich habe mich an keinerlei kommerzieller Werbung je beteiligt; die ZEIT ist die einzige Ausnahme. Die Ikea-Leute hatten mich gar nicht erst gefragt; auf meinen Einspruch haben sie die Kampagne fairerweise eingestellt.

Sie waren ein vehementer Kritiker der Wehrmachtsausstellung. Haben Sie die neue Ausstellung schon gesehen?
Nein. Aber ich lese mit Befriedigung, daß die neue Ausstellung die Fehler der alten weitgehend korrigiert haben soll. Mir genügt die eigene Erinnerung an viele Scheußlichkeiten des Krieges.

Abgesehen davon, daß Sie schlecht hören: Haben Sie noch andere Altersgebrechen, unter denen Sie manchmal leiden?
O ja. Aber darüber will ich nicht reden.

Welches Buch sollte jeder gelesen haben?
Eins?

Nicht, daß ich wissen möchte, ob wir Sie gelangweilt haben. Aber ich wollte gern wissen, ob Sie generell Langeweile kennen, ob Sie schnell gelangweilt sind, von Menschen zum Beispiel.
Eigentlich kenne ich überhaupt keine Langeweile. Aber es kann sein, daß jemand mich langweilt, wenn er endlos über etwas redet, was ich schon nach zwei Sätzen begriffen habe, oder wenn er endlos über etwas redet, was er selbst nicht verstanden hat. Das langweilt mich, ja, das stimmt. Aber grundsätzlich habe ich selten im Leben Langeweile gehabt. Ich habe mich immer selbst ausreichend beschäftigen können.

Werden Sie Gesprächspartnern gegenüber, die Sie langweilen, ungeduldig?

Ja, muß ich zugeben. Augenblick, meine Frau ruft was dazwischen.
Frau Schmidt: Du hast dich aber gebessert im Laufe der Jahre.
Unter ihrem Einfluß.

Gibt es Fragen von Journalisten oder eine bestimmte Art von Fragen, die Sie richtig ärgern können?
Nein, das nicht. Außerdem suche ich mir die Journalisten aus, von denen ich mich befragen lasse.

Es ist ganz gut, wenn wir uns jetzt ein bißchen bewegen und uns die Bilder im Haus anschauen. Vielleicht zeigen Sie uns ein paar, die Ihnen besonders ans Herz gewachsen sind.
Frau Schmidt: Für einige Bilder muß man eine Etage höher gehen.

Wer von Ihnen beiden hat denn diese Bilder in erster Linie gehängt?
Frau Schmidt: Das haben wir eigentlich zusammen gemacht.
Helmut Schmidt: Haben wir zusammen gemacht, ja. Eigentlich hängen die nicht nach einem Schema. Wie sie ins Haus gekommen sind, so wurden sie gehängt.
Frau Schmidt: Wenn ein neues Bild kommt, muß Platz geschaffen werden, und dann überlegt man, zu welchem anderen Bild es gut passen könnte. Dieses von Herrn Kaiser da unten, das ist ein paarmal schon abgehängt worden.

Helmut Schmidt: Also, ein Bild, das schlecht hängt, tut mir immer leid. Zum Beispiel das da oben, von Lilli Palmer, kommt gar nicht zur Geltung, weil es sich neben dem sehr starken Heisig nicht behaupten kann, eine Gemeinheit, das da so hinzuhängen, das muß irgendwann mal geändert werden.
Frau Schmidt: Ja, aber es hängt schon lange da, und der Heisig ist sehr viel später gekommen.
Helmut Schmidt: Lassen Sie uns mal die Treppe hochgehen, wir müssen uns mal den Heisig angukken, der ist wirklich erstklassig: Kurt Masur, gemalt von Bernhard Heisig. Ich finde es ein fabelhaftes Porträt.

Es gibt einen zweiten Heisig, links daneben, das ist ein Porträt von Ihnen. Ist das das Bild, um das es soviel Aufregung gegeben hat?
Nein, das ist eine von mehreren Skizzen, die er sich vorher gemacht hat, ehe er das Bild fürs Kanzleramt gemalt hat. Da gab es aber keine Aufregung. Ich hatte den Maler mit Fleiß ausgesucht, dabei war es mir durchaus recht, einen Künstler aus der DDR zu nehmen. Heisig hat in Leipzig zur Zeit der DDR eine erhebliche Rolle gespielt, er war einer der großen Maler der DDR. Wir haben uns erst kennengelernt in den achtziger Jahren, und daraus ist eine Art Freundschaft entstanden. Das ist ein Mann, dessen Malerei mir sehr zusagt. Nein, politische Aufregung hat es nicht gegeben. Vielleicht verwechseln Sie das. Als ich nämlich die große Doppelbronze von Henry Moore vor das Kanzleramt gestellt habe, haben sich einige Leute furchtbar

aufgeregt: unerhört, kein Deutscher, Sauerei. Ganz schlimm war die *Frankfurter Allgemeine Zeitung*, die auf Seite eins einen abfälligen Leitartikel brachte, sehr kleinkariert.

War Ihnen bewußt, daß viele Zuschauer am Fernsehen diese Plastik für ein Synonym der Bonner Politik hielten? Immer, wenn irgend etwas im Kanzleramt passierte, war zuerst Henry Moore zu sehen.
Das war mir durchaus bewußt, ja, und ich habe es durchaus für gut gehalten. Für mich war es immer ein Symbol des geteilten Deutschlands.

Das ist sicher ein Chagall?
Helmut Schmidt: Ja, den haben wir qua Testament bekommen. Nenne mal den Namen, Loki.
Frau Schmidt: Nahum Goldmann.
Helmut Schmidt: Nahum hat seinen Sohn beauftragt, nach seinem Tod zwölf Freunden je ein Blatt zu überbringen. Es sind Chagalls Entwürfe für die Fenster einer Synagoge in Israel.

Daneben gibt es einen Nolde.
Ja, dieser Nolde taugt aber nichts.

Der taugt nichts?
Mir gefällt das nicht besonders, nein.

Wieso hängt es dann?
Weil es Nolde ist.

Sie hängen alles auf von Nolde, kritiklos?
Ja, das ist immerhin auch ein Wert. Da unten hängen noch zwei Noldes, und vor allem haben wir einen großen Nolde im Eßzimmer.

Nolde zählt wahrscheinlich zu Ihren frühesten Begegnungen mit der Kunst.
Helmut Schmidt: Richtig. Aber der erste Maler, mit dem ich persönlich zu tun hatte, hängt da drüben an der anderen Wand. Aber sowohl meine Frau als auch ich haben als Kinder und Jugendliche auch selbst gemalt. Leider sind unsere Bilder alle in der Hamburger Bombenkatastrophe verbrannt, alle in einer einzigen Nacht, nichts ist übriggeblieben.
Frau Schmidt: Ich habe noch ein Bild, das habe ich mit 15 gemalt.
Helmut Schmidt: Ja, von dir ist noch eins da, richtig. – Da oben, das Bild mit den schneebedeckten Schreberbuden, das stammt von einem Nennonkel von mir, er hieß Hugo Schmidt, war ein Freund meines Vaters. Das war ein Maler, ein sehr langsamer Maler, eigentlich mehr ein Grafiker, aber das ist ein starkes Bild. Es ist das erste Bild, das wir uns in unserem Leben gekauft haben, das muß 1942 gewesen sein. Ich weiß noch, was das Bild gekostet hat.
Frau Schmidt: Ja, ich glaube 250 Mark.
Helmut Schmidt: 400 Mark meine ich zu erinnern.
Frau Schmidt: Na, ich weiß es auch nicht mehr. Jedenfalls ist das mit uns in die Nähe von Berlin, nach Schmetzdorf bei Bernau gewandert, wo wir nach der Ausbombung gewohnt haben.

Helmut Schmidt: Du, Loki, das haben wir überhaupt erst nach der Ausbombung gekauft. Das hat doch nicht in der Buckstraße gehangen.
Frau Schmidt: Ja, nach der Ausbombung, und dann ist es nach Berlin mitgegangen. 1945 haben wir es aus dem Rahmen geschnitten, zusammengerollt und mit zurückgenommen. Hier ist es dann anständig gerahmt worden.
Helmut Schmidt: Da rechts, das ist Paula Modersohn-Becker. Das linke auch.
Frau Schmidt: Und das ist Otto Modersohn ...
Helmut Schmidt: Da liegen dreißig Jahre dazwischen. Ich habe Otto Modersohn gekannt, habe ihn auch in der Nazizeit ein paarmal besucht. Da oben hängen zwei Bilder von seinem Sohn Christian; der ist inzwischen auch schon 85, aber er ist eigentlich mehr Aquarellist.
Frau Schmidt: Er hat sich immer gescheut, mit Ölfarbe zu malen, weil sein Vater mit Ölfarbe gemalt hat. Wir haben ihn überredet, es doch mal zu versuchen, und so sind diese beiden Bilder entstanden.
Helmut Schmidt: Ja, das kann man so sagen.

Wo sind die Bilder aus Fischerhude, wo ist Olga Bontjes?
Olga Bontjes hängt in meinem Schlafzimmer, aber da gehen wir nicht hin. Laß uns mal das von Loki als Kind gemalte Bild angucken.

Das hängt?
Frau Schmidt: Ja, durch einen Zufall ist es wieder an uns gelangt.

Helmut Schmidt: Die Sonnenblumen da links, das ist es. Wie alt warst du?
Frau Schmidt: Ich war 15 Jahre alt; van Gogh guckte da ...
Helmut Schmidt: Ja, der guckte dir da über die Schulter.
Frau Schmidt: Das kann man sehen.
Helmut Schmidt: Wo hat das überlebt?
Frau Schmidt: Das habe ich doch meiner damaligen Liebe geschenkt ...
Helmut Schmidt: Dem Willi Jacob?
Frau Schmidt: Ja, und der hat es mir später zurückgeschenkt.

Sie hatten eine Liebe vor Helmut Schmidt?
Frau Schmidt: O ja, das schon.

Welchen Maler mögen Sie besonders?
Zwei Epochen der europäischen Malerei liegen mir sehr am Herzen, das ist der französische Impressionismus und der deutsche Expressionimus. Aber darüber hinaus gibt es viele Maler, die ich schätze, Goya zum Beispiel oder auch die japanischen Holzschnittmeister und andere ... Wann immer irgendwo auf Reisen eine Stunde frei war, bin ich gern in die Kunstmuseen gegangen und habe die Bilder angeschaut. Das tue ich heute noch. Als ich das letzte Mal in New York war, das war im letzten Juni, hatte ich eine halbe Stunde Zeit. Da bin ich ins Metropolitan-Museum gegangen, um mir das einzige Landschaftsbild von El Greco anzugucken, das es gibt. Dieses Bild seiner Heimatstadt Toledo habe

ich schon viele Male besucht, aber diesmal war es leider Gottes ausgeliehen nach Wien, für eine Ausstellung. Da war ich traurig, denn El Greco ist einer meiner Lieblingsmaler. Im wesentlichen aber fühle ich mich den französischen Impressionisten und den deutschen Expressionisten verbunden.

Und offenbar auch vielen Hamburger Malern. Es hängen auffallend viele Hamburg-Bilder hier.
Die Hamburger hängen da aus Lokalpatriotismus. Das ist nicht unbedingt allergrößte Kunst, aber es sind gute Bilder, über die wir uns freuen.

Das da drüben ist schön.
Das ist ein Franzose, ein Fauvist, Albert Marquet. Es ist der Hamburger Hafen, so, wie er zu meiner Kinderzeit aussah, allerdings schon kurz vor dem Ersten Weltkrieg gemalt. Alfred Lichtwark, der damals Direktor der Hamburgischen Kunsthalle war, hatte Maler von überall her nach Hamburg geholt, die sollten Bilder von Hamburg malen. Unter anderem gibt es ein paar schöne Bilder von Max Liebermann, die er auf Einladung von Lichtwark hier in Hamburg gemalt hat, ein sehr schönes Bild vom Uhlenhorster Fährhaus und eins vom Restaurant Jakob an der Elbchaussee. Dazu gehörte der Marquet auch. Neben der Tür hängt eine kleine Handzeichnung, die hat mir seine Witwe geschenkt. Das ist die Hamburger Binnenalster, die Marquet wahrscheinlich auch malen wollte, und dafür hat er sich so eine Skizze gemacht; aber ob daraus ein Bild geworden ist, weiß ich nicht.

Die Gegenstände hier in den Vitrinen, sind das Geschenke aus Ihrer aktiven politischen Zeit, oder sind das Dinge, die Ihre Frau von ihren Reisen mitgebracht hat? Sie ist ja eigentlich diejenige, die mehr reist.

Frau Schmidt: Mehr gereist ist. Allerdings unter sehr anderen Bedingungen als mein Mann. Mein Mann hat ja mehr die guten Hotels kennengelernt, während ich meistens mit dem Zelt unterwegs war, der Naturwissenschaften wegen. Aber natürlich guckt man, was es sonst noch an Entdeckungen gibt, das ist doch klar. Die römischen Gläser hier stammen alle aus Syrien; die habe ich nach und nach gekauft und meinem Mann mitgebracht.

Helmut Schmidt: Nicht alles, Loki, es stammt nicht alles aus Syrien. Diese komische, dunkle Vase, die so nach außen schwingt unten, die stammt aus Württemberg, römisches Glas aus dem Raum südlich der Donau.

Jedes Stück hat seine Geschichte.

Frau Schmidt: Jedes Stück hat seine Geschichte, das ist bei jedem Sammler so.

LETZTE RUNDE:
IN OTTIS BAR

Irgendwie habe ich das Gefühl, daß Sie diese Bar nicht eingerichtet haben können. Das sieht so wenig nach dem Helmut Schmidt aus, den man kennt.

Da irren Sie sich. Als wir das erste Mal angebaut haben, habe ich gesagt, wir wollen hier eine kleine Bar einrichten. Meine beiden Frauen, meine Frau und meine Tochter, waren dagegen: Das ist eine Schnapsidee, sagten sie, so was machen nur Snobs. Aber ich war überzeugt, das wird eine gemütliche Ecke zum Reden. Und als das hat sich der Raum dann auch entpuppt. Manchmal drängeln sich hier fünfzehn Leute.

Fünfzehn Leute auf diesen paar Quadratmetern?

Ja, so viele eben zum Essen gekommen sind. Vor dem Essen versammelt man sich hier in dieser Kneipe. Das schafft eine ziemlich zwanglose Atmosphäre. Dann wird gegessen, und anschließend versammelt man sich im Wohnzimmer und dort wird dann vorgetragen und diskutiert.

Können Sie ein paar prominente Gäste dieser Bar nennen?
Ich erinnere mich an das spanische Königspaar, an Lee Kuan Yew und seine Frau, an Takeo Fukuda ...

Das spanische Königspaar wird wohl etwas erstaunt gewesen sein.
Das weiß ich nicht, ob sie erstaunt waren. Sie waren damals sehr jung und noch nicht ganz so würdig.

Es gibt wahrscheinlich ein paar hübsche Anekdoten aus dieser Bar.
Ich würde gern eine erzählen, wenn mir eine einfiele! Da weiß ich aber nichts. Jedenfalls ist hier nie einer umgefallen, wenn Sie das meinen.

Erinnern Sie sich an ein besonders wichtiges Gespräch oder eine historische Entscheidung, von der Sie sagen würden, die ist tatsächlich hier am Tresen gefällt worden?
Historisch – das ist ein Wort, das klingt nach »pomp and circumstances«. Aber an dem Tisch, an dem wir heute morgen saßen, und auch hier in der Bar haben Giscard d'Estaing und auch ich einen Teil des Konzeptes für die europäische Währungsunion erarbeitet; den anderen Teil in seinem Wohnzimmer in Paris. Am gleichen Tresen habe ich einmal Hans Apel und seine Frau davon überzeugt, daß er dem wegen eines Spionagefalls zurückgetretenen Georg Leber als Verteidigungsminister nachfolgen müsse.

Da wir hier in der Bar sind und Sie das eben selber angesprochen haben: Sind Sie in der Lage, richtig betrunken zu werden, oder passiert Ihnen das nicht?
Ist mir schon seit einem halben Jahrhundert nicht mehr passiert. Als junger Mann schon. Da habe ich dann meiner Frau die Brieftasche gegeben, damit mir die nicht abhanden kam.

Ist das wahr? Sie wirken wie jemand, der, selbst wenn er viel Alkohol trinkt, die Beherrschung nicht so weit verliert, daß man es ihm anmerkt.
Ja, ich würde nie so viel Alkohol trinken, daß man es mir anmerkt. Seit meinem dreißigsten Lebensjahr etwa ist das nicht mehr vorgekommen.

Warum nicht?
Weiß ich nicht. Es war mir kein Bedürfnis, mich zu besaufen. Aber daß Sie diese Frage so hartnäckig stellen, das erlaubt Rückschlüsse auf Ihre Person.

Ich bin ja Journalistin.
Aha. Als Journalistin sind Sie also gewohnt, sich ab und zu zu betrinken.

Ich habe angefangen beim Bayerischen Rundfunk, und der lag neben dem Biergarten ...
Also sich mit Bier zu betrinken, ist aber ein ziemliches Kunststück.

Es ist mühsam, weil ...
Ja, man muß oft raus.

Auf dem Schild hier oben steht »Ottis Bar«. Heißt die Bar so?
Ja. Otti ist der Vorname eines unserer Sicherheitsbeamten, der inzwischen im Ruhestand ist. Wenn hier eine größere Gesellschaft ist, kommt Otti gern, setzt sich auf den Stuhl, auf dem Sie jetzt sitzen, und versorgt die Leute mit Getränken.

Wenn Otti nicht da ist, machen Sie das. Sind Sie dann Barkeeper?
Ja. Aber meistens macht das Otti.

Alles, was hier drinnen ist, sieht aus, als ob Sie und Ihre Frau einen Ort gefunden hätten, wo Sie all das unterbringen, was Kitsch ist.
Ja. Kunst hängt hier kaum.

Zum Beispiel dieser Kasten mit verschiedenen Knoten. Können Sie die Knoten?
Konnte ich früher mal, ja, etwa zur Hälfte.

Wo haben Sie das gelernt?
In der Marine-Hitlerjugend, als ich meine Seesportscheine gemacht habe. Es gab damals einen Seesportschein A, B und C. Und da mußte man überflüssigerweise wenigstens einige dieser Knoten können.

Sie haben hier eine Schlangenhaut an der Decke. Haben Sie die Schlange selbst erlegt?
Nein, nein, die hat meine Frau an Land gezogen. Da ist aber auch ein Haifischgebiß an der Decke, haben Sie das gesehen? Den Haifisch haben wir

vorher gegessen. Der Koch hat das Gebiß herausgeschnitten und dann abgekocht, bis nur noch die Knochen schön sauber übriggeblieben sind.

Haben Sie den selber geangelt?
Den Haifisch nicht. Der kommt aus dem Golf von Mexiko. Nein, alles, was hier an naturwissenschaftlichen Mitbringseln zu sehen ist, stammt von meiner Frau.

Dieses Plakat, das da in der Ecke hängt, wo Sie mit Prinz-Heinrich-Mütze am Ruder stehen, das ist nicht zufällig ein Wahlplakat gewesen?
Nein. Ich glaube, der Eigner des Schiffes hat das Foto vergrößert. Es ist aufgenommen auf der »Atalanta«, die meinem Freund Eric Warburg gehörte, eigentlich wohl der Warburg-Bank, nehme ich an. Ich habe mich häufig bei ihm eingenistet. Wenn zum Beispiel ausländische Besucher kamen, habe ich ihn gefragt: »Eric, können Sie mir nicht mal wieder Ihr Schiff leihen?«, und das hat er viele Male gemacht. Einmal bin ich mit dem Schiff bis nach Gdingen gesegelt, nach Polen, zu einem inoffiziellen Besuch.

Allein?
Nein, nein. Da war ein Kapitän an Bord und mindestens ein Matrose und mindestens ein Smutje, ein Koch, und noch ein paar Leute, die mit anfassen mußten.

Welche Strecke würden Sie sich allein zutrauen?
Allein? Gar keine.

Aber es gibt so viele Bilder von Ihnen am Ruder. Ist das ein beliebtes Motiv gewesen, weil man Ihnen immer diesen Steuermann ...
Nein, umgekehrt. Ich segele gern und bin mein ganzes Leben lang gern gesegelt. Meine eigenen Boote waren kleine Boote, eines hatte ich mit meinem Bruder zusammen; später hatte ich mit meinem Freund Willi Berkhan zusammen eine kleine Jolle auf dem Brahmsee. Aber die Fotos wurden meist auf großen hochseefähigen Booten gemacht; mir hat es Spaß gemacht, die zu segeln, und anderen Leuten hat es Spaß gemacht, bei der Gelegenheit zu fotografieren. Dafür war ich aber nicht zuständig. Die Fotos sind im übrigen nicht schlecht.

Die sind sogar sehr schön! Aber für ein Wahlplakat hätten Sie so ein Motiv nie genommen?
Nee, das hätte doch nach Angeberei ausgesehen.

Ja, wahrscheinlich. Da wir schon bei Klischees sind, welches der Klischees, die über Sie verwendet werden, hat Sie gestört oder nachhaltig vielleicht verunsichert?
Weder verunsichert noch gestört. Ein einziges Klischee hat mich zu Anfang gestört, das war nämlich abschätzig gemeint: Dieser Schmidt ist ja bloß ein Macher. Der hat keine Theorien im Kopf wie die Intellektuellen, die das Schimpfwort erfunden haben. Das waren natürlich ganz große Theoretiker.

Macher vor allem auch im Gegensatz zu Willy Brandt, dem Visionär: da der Macher – hier der Visionär.

Ja, das war die Vorstellung, die dahinter stand. Das hat mich am Anfang ein bißchen geärgert, aber später habe ich gemerkt, daß die Masse des Publikums das anders empfunden hat.

Der Macher und der Visionär: Dazu gehört auch die Vorstellung, der eine wird geliebt, der andere respektiert.
Ich habe nichts dagegen, respektiert zu werden.

Haben Sie das tatsächlich so empfunden, daß Sie als Mann immer respektiert wurden, im Gegensatz zu ...
Es hat mir nicht gefehlt, geliebt zu werden, überhaupt nicht. Das ist eine Emotion in der Politik, von der ich nicht viel halte.

Sie haben in bezug auf Sadat selber geschrieben, Sie hätten ihn geliebt.
Das ist etwas anderes. Das war ein Mensch, den habe ich als Menschen geliebt, als Kerl.

Welche Art von Liebe ist das?
Freundschaft, tiefe Freundschaft.

Mehr als das?
Ja.

Warum Sadat? Was hat Sie so fasziniert an ihm?
Das war ein Mann, von Hause aus Offizier, General, der mehrere Kriege gegen Israel hinter sich hatte. Anständiger Kerl, vor allem aber ein gebildeter Mann. Er hat mir Unterricht in Sachen Koran gege-

ben, Unterricht in Sachen Israel, und er hat mich als erster hingewiesen auf die Übereinstimmungen zwischen Altem Testament oder Thora und Neuem Testament und Koran. Er hat mich auf die Idee gebracht, erstens alles nachzuprüfen, was er mir gesagt hat – und das war fast alles richtig –, und zweitens, wenn ich es hochtrabend formulieren würde – das wäre aber eine Übertreibung –, die religiösen, theologischen und vor allem ethischen Übereinstimmungen zwischen den drei abrahamitischen Religionen näher zu studieren. Er hat mich neugierig gemacht, und ich habe eine ganze Menge gelernt.

Vor allen Dingen war Sadat ein unglaublich mutiger Mann. Als Ägypter auf die Idee zu kommen, sich selbst einzuladen und nach Jerusalem zu gehen, bis in die Knesseth, also das Parlament des Feindes aus vier Kriegen, das war eine tolle Sache! Er hat sich das lange überlegt. Wir haben vorher des öfteren miteinander darüber geredet, und Mubarak, sein damaliger Vizepräsident – und jetzt schon seit beinahe zwanzig Jahren sein Nachfolger –, ist zwei- oder dreimal in seinem Auftrag nach Bonn gekommen, um Einzelheiten zu erörtern. Sadat wollte das mit jemandem durchsprechen. In Wirklichkeit war es natürlich allein seine Entscheidung, ich habe nur sozusagen als kritischer Zuhörer seinen Vorstellungen gelauscht und habe dies oder jenes eingeworfen. Es war seine Tat, die, leider Gottes, von den Israelis nicht in entsprechender Weise gewürdigt worden ist.

Und für die Sadat in aller Konsequenz den maximalen Preis zu zahlen hatte.

Ja, er ist dafür umgebracht worden. Er wußte, daß er nicht nur große politische Risiken einging, sondern auch sein eigenes Leben riskierte, als er das machte. Das wußte er vorher.

Daß jemand den Preis für seine Überzeugungen zahlt, ist Ihnen mehrfach begegnet im Leben. Sie waren befreundet mit Cato Bontjes van Beek, die im Widerstand gegen Hitler 1944, mit 23 Jahren, hingerichtet wurde. Sie haben Cato in Berlin getroffen, auf einem Fest, bei dem Andersdenkende sehr offen geredet haben. Sie haben geschrieben, Sie hätten ein unsicheres Gefühl gehabt und seien nie wieder hingegangen.
Ja.

War das Vorsicht? War das Feigheit?
Vorsicht.

Hätte Cato auch ein bißchen mehr Vorsicht walten lassen sollen? Oder bewundern Sie ihren Mut?
Nein, ich bewundere sie nicht. Cato war ein bißchen jünger als ich und ein bißchen naiv, aber ganz echt in ihren moralischen Überzeugungen und in ihrer Gegnerschaft gegen die Nazis. Was die an jenem Abend machten, war aber leichtsinnig. Da waren dreißig, vierzig Leute in einer großen Berliner Altbauwohnung, keiner kannte alle, gleichwohl wurde sehr offen und sehr negativ über die Nazis geredet. Es ist ein Wunder, daß das gutgegangen ist. Cato ist später über eine andere Sache zu Fall gebracht und schließlich umgebracht worden.

Es gab keinen Moment, wo Sie diese Art von Haltung im Dritten Reich – aus der Rückschau – als etwas bezeichnet hätten, das man bewundern kann?
Aus der Rückschau schon. Aber damals: nein. Zwar habe ich Cato nicht kritisiert, aber das war mehr als Mut, es war schon leichtfertig, mit so vielen Leuten, die sich nicht alle kannten, so offen zu reden. Mich kannten sie auch nicht gut genug, ich hätte ja auch möglicherweise etwas verraten können.

Das hätten Sie natürlich nie getan.
Nein, hätte ich nicht. Aber das konnten die Gastgeber ja nicht wissen, die kannten mich doch nur ganz flüchtig.

Im Juni feiern Sie und Ihre Frau sechzigsten Hochzeitstag. Wie feiern Sie den, wenn ich fragen darf?
Helmut Schmidt: Das wollen wir lieber nicht sagen.
Frau Schmidt: Wir entfleuchen, still und leise ...

Aber Sie werden nicht verhindern können, daß einige mit Ihnen laut und heftig werden feiern wollen.
Das werden wir verunmöglichen. Wir werden verreisen mit einem Ziel, das niemand anderes zu erfahren kriegt.

Was bedeutet Ihnen der sechzigste Hochzeitstag?
Der Tag an sich ist nicht so wichtig, aber sechzig Jahre, das ist eine ganz erstaunliche Periode, das soll erst mal einer nachmachen.

Ist es denn vorbildhaft?
Das weiß ich nicht, das möchte ich weder bejahen noch verneinen.

Diese Stetigkeit ist jedenfalls ungewöhnlich.
Ich glaube es nicht. In meiner Generation, das heißt bei denen, die dank Adolf Nazi Soldat werden mußten, kamen Eheschließungen vielfach in ähnlichen psychischen Situationen zustande wie bei uns. Und eine ganze Menge Leute sind aus ähnlichen Motiven in die Politik hineingerutscht wie ich. Das ist beides nicht ungewöhnlich.

Halten Verbindungen, die unter einer solchen Situation entstanden sind, länger, weil sie schon in früher Phase erprobt sind?
Das kann ich nicht beurteilen. Jedenfalls haben die Ehen von Menschen meiner Generation, die ich kenne, also der Generation des Zweiten Krieges, eigentlich fast alle lebenslang gehalten. Vielleicht liegt es an der etwas altertümlicheren Erziehung, die wir genossen haben. Heutzutage scheiden sich die Leute ziemlich schnell und häufig. Eine Scheidung war in der Generation meiner Eltern völlig undenkbar; ob einer Arbeiter war oder Bankangestellter oder Volksschullehrer, Scheidung war undenkbar. Heutzutage ist das beinahe etwas Normales.

Wenn Sie einem jungen Menschen heute einen Rat geben sollten, würden Sie ihm sagen, es lohnt sich mehr, mit jemandem sechzig Jahre zusammenzusein, als alle zehn Jahre eine neue Inspiration zu suchen?

Ich würde mich darüber nicht in ein Gespräch einlassen. Es ist nicht meine Sache, andere Leute darüber zu belehren.

Wenn man sechzig Jahre verheiratet ist, dann hat das doch Einfluß auf das, was man tut?
Natürlich.

Man fällt doch als Politiker, wenn man so lange mit einer Frau zusammenlebt, andere Entscheidungen, als wenn man unverheiratet ist oder die Frau öfter wechselt.
Die unmittelbare persönliche Umgebung eines Menschen beeinflußt seine Entscheidungen. Das gilt nicht nur für die Ehefrau. Das gilt auch für den Bruder oder die Freunde oder den Vater oder die Kinder oder die Freundin. Ich habe einen beinah lebenslangen Freund gehabt, er hieß Willi Berkhan, ist vor sieben Jahren gestorben. Er spielte keine ganz große Rolle in der Politik, saß aber im Bundestag und war acht oder zehn Jahre lang Wehrbeauftragter des Parlaments, war auch Staatssekretär im Verteidigungsministerium gewesen. Das war ein ganz enger, vertrauter Freund. Ich habe nachträglich begriffen, daß ich ihn eigentlich als meinen älteren Bruder betrachtet, ihn gefühlsmäßig so behandelt habe, als ob er mein älterer Bruder wäre. Wir haben häufig am Brahmsee zusammen in der Sauna gesessen, geschwitzt und geredet, und wir haben in Bonn jahrelang eine Wohnung geteilt. Der Willi hat einen großen Einfluß gehabt auf das, was ich zu entscheiden hatte. Und meine Tochter, die nun lei-

der schon seit 23 Jahren in einem anderen Land lebt, hat immer noch Einfluß auf mich, wenn sie mal kommt.

Also hat das Privatleben doch einen Einfluß, und deshalb muß man von einem Politiker erwarten dürfen – ich knüpfe an heute morgen an –, daß sein Privatleben einigermaßen in Ordnung ist, denn nur, wenn das in Ordnung ist, sind auch seine Entscheidungen ...

Na, da wäre ich vorsichtig mit dieser Schlußfolgerung. In Ordnung geht gerade noch an, das würde ich gerade noch akzeptieren – aber mehr? Er darf auch im Privatleben kein Lügner und kein Dieb und kein Betrüger und kein Gewalttäter sein, das ist klar. Aber ob auch sonst alles bei ihm nach bürgerlichen Moralvorstellungen in Ordnung sein muß? Da würde ich etwas zurückhaltender sein.

Und wenn er aufgrund seines Privatlebens erpreßbar wird? Das ist schon wichtig. Denken Sie an Willy Brandt, dem Sie immer vorgeworfen haben, er sei aus nichtigem Anlaß zurückgetreten. An dem Spionagefall hingen ja offenbar lauter private Geschichten.

Willy Brandt hatte die Besorgnis, daß durch die Affäre mit Guillaume, der natürlich einem Prozeß entgegensah, in dem Zeugen aufmarschierten, eine Welle öffentlicher Vermutungen und Unterstellungen auf ihn zukäme. Teile seines privaten Lebens wären auf diese Weise öffentlich ausgebreitet worden, und davor schreckte er zurück. Als Anlaß für seinen Rücktritt habe ich beides, den Spionagefall und die Sorge vor sogenannten Enthüllungen, für absolut unzureichend gehalten. Ich war empört und wütend und habe ihn angeschrien, daß wegen solcher Lappalien der Chef eines 60-Millionen-Staates nicht zurücktreten kann. Einer der Gründe für meinen Ausbruch war allerdings wohl die eigene Angst vor dem Amt. Daß es auf mich zukommen würde, war in dem Augenblick klar, das hatte Brandt schon ausgesprochen.

Wenn das unzureichend war, mit Verlaub, was ist dann ein Grund, zurückzutreten? Es gab immerhin einen Verdacht gegen Guillaume, den man hätte ernst nehmen können.
Ja, ein Verdacht, der Brandt gegenüber nicht deutlich genug ausgesprochen worden war. Also, da ist Brandt kein Vorwurf zu machen.

Wer trug die Verantwortung?
Der damalige Innenminister.

Also hat Brandt politisch falsch gehandelt?
Er hat eine übertriebene Konsequenz gezogen. Natürlich sitzen in jeder Regierung, ob in London oder Paris oder heute in Berlin, überall Spione. Ich erwähnte eben Georg Leber, der wegen eines Spionagefalls im Verteidigungsministerium zurückgetreten ist. Ich habe versucht, ihn davon abzuhalten, habe gesagt: Das ist eine übertriebene Konsequenz, du kannst doch nichts dafür, überall sitzen solche Leute. Aber für ihn war es ein *point d'honneur*. Setzen Sie Herrn Churchill während des Krieges einen Spion in die Downing Street, und infolgedes-

sen tritt der große Mann zurück – das ist doch Quatsch.

Noch einmal: Wann wird ein Politiker erpreßbar?
Brandt war nicht erpreßbar.

Auch nicht mit Dossiers über Frauengeschichten?
Nein, sicherlich nicht. Ein Politiker, der in Gefahr gerät, erpreßbar zu sein, der muß weg.

Aber wann muß er weg, wann ist der Punkt erreicht?
Das können Sie theoretisch nicht definieren, das müssen Sie im konkreten Fall beurteilen. Willy Brandts Charakter war jedenfalls nicht erpreßbar.

Ich würde die Frage nach Wahrheit und Lüge gern noch einmal vertiefen. Hand aufs Herz, Herr Schmidt! Täuscht der Eindruck, oder neigen Politiker besonders häufig zur Lüge?
Nein, das glaube ich nicht. Ich glaube, daß es Politiker gibt, die lügen, das ist wahr; aber das, was Sie für Lüge halten, ist in den meisten Fällen leichtfertige Rede. Viele Politiker merken erst hinterher, daß das, was sie gesagt haben, nicht stimmt. Lügen gibt es natürlich auch.

An welche erinnern Sie sich – welche, die Sie gebrauchen mußten, im Sinne einer Notlüge, und welche, die Ihnen gegenüber geäußert wurden?
Da muß ich lange nachdenken. Ich selber habe mitgewirkt an einer Serie von Unwahrheiten – Lügen ist ein falscher Ausdruck – gegenüber der RAF, der

Rote-Armee-Fraktion, die Hanns-Martin Schleyer entführt hatten. Wir haben denen gegenüber Eindrücke erweckt, die in Wirklichkeit nicht stimmten. Das war unser gutes Recht, das können Sie als Notlüge klassifizieren, wenn Sie so wollen. Ich stelle mir vor, daß zum Beispiel auch die Verantwortlichen im Weißen Haus seit dem 11. September in vielen Punkten etwas anderes erzählt haben als das, was sie selber für die Wahrheit halten mußten, und mit Recht haben sie etwas anderes erzählt. Ehrlichkeit verlangt nicht, daß man alles sagt, was man denkt. Ehrlichkeit verlangt nur, daß man nichts sagt, was man nicht auch denkt.

Die Lüge in der Politik gehört also nicht zum Tagesgeschäft?

Nein, das glaube ich nicht. Das würde ich so auch nicht akzeptieren. Natürlich sagen Politiker in vielen Fällen nicht alles, was sie wissen, und das ist auch ganz gut so. Aber in vielen Fällen wissen sie nicht genug und reden trotzdem über ein Thema, das sie nicht beherrschen, und später stellt sich dann heraus, das war unwahr. Irgendeine Zeitung oder eine Fernsehstation klassifiziert das dann als Lüge. Dabei ist es in vielen Fällen nicht einmal Flunkerei. Wenn Herr Kohl kurz nach der Vereinigung in öffentlichen Reden vielfach gesagt hat, in vier Jahren gäbe es im Osten überall blühende Landschaften, war das keine Lüge. Diesen Unsinn hat er selbst geglaubt, das war nicht einmal eine Notlüge, es war leichtfertig. Er wußte halt nicht so genau, wie sich die Wirtschaft entwickeln würde, weil er das nicht genug studiert hatte, weil er nicht genug davon verstand.

Sie sagen immer, Verläßlichkeit gehört zu den Dingen ...
Ja, zur Zuverlässigkeit gehört in der Tat, daß jemand nichts sagt, was er nicht wirklich weiß. Leute, die über alles mögliche reden, was sie nicht wirklich wissen, die sind mir – nicht nur in der Politik, auch sonst im Leben – nicht sonderlich sympathisch, mit denen mag ich nicht so gern zu tun haben. Es kommt in der Politik natürlich häufig vor, daß jemand einem etwas vorträgt und dabei die andere, wichtige Hälfte wegläßt. Wenn man das merkt, ist es nicht so schlimm; manchmal merkt man es aber erst am nächsten Tag oder ein Jahr später, das ist dann schon unerfreulicher.

1982, im letzten Jahr der sozialliberalen Koalition, haben Sie die FDP sehr lange bei der Stange zu halten versucht. Das ist nicht gelungen. Im nachhinein haben Sie gesagt: Ich hätte denen den Stuhl vor die Tür setzen müssen. Fühlen Sie sich, von heute aus betrachtet, von der FDP-Führung im Jahre 1982, zwischen Februar '82 und November '82, hinters Licht geführt?
Nicht wirklich hinters Licht geführt. Die haben ja damals relativ ungeschützt, zwar hinter meinem Rücken, aber doch nicht ganz geheim, mit der damaligen Oppositionsführung verhandelt. Sie würden bestreiten, daß das Verhandlungen gewesen seien, das seien nur Gespräche gewesen und Fühlungnahme, weiß der Kuckuck was. Jedenfalls haben sie es gemacht, und ich möchte mich eigent-

lich auf das beschränken, was Sie da zitiert haben. Es wäre wahrscheinlich besser gewesen, wenn ich im Frühjahr '82 von mir aus denen gesagt hätte, Kinders, ihr macht da hinter meinem Rücken die und die Geschäfte, nun laßt uns mal für Klarheit sorgen. Statt dessen habe ich die Vertrauensfrage gestellt, sie haben das Vertrauen ausgesprochen und sind dann ein halbes Jahr später doch über den Deich gegangen. Es war mein Fehler, sie nicht richtig eingeschätzt zu haben.

Sie haben im Laufe des Gesprächs heute mehrfach Weggefährten und Mitstreiter als Freunde bezeichnet. Wann nennen Sie jemanden einen Freund?
Wenn ich sicher bin, daß er mich auch seinen Freund nennt.

Aber es gibt mit Sicherheit sehr viel mehr Menschen, die Sie Ihren Freund nennen, als umgekehrt. Ist es nicht sehr schwer, wenn man an der Spitze steht, noch wahre Freundschaft zu finden?
Das kann ich nicht bestätigen. Ich habe auch in meinen acht Kanzlerjahren viele persönliche Freunde dazugewonnen. Vor allem natürlich in der eigenen Partei, aber auch in der FDP. Bei einigen aus der Opposition hat vielleicht der Abstand während meiner Amtszeit uns gehindert, uns als Freunde zu erkennen; hinterher hat man es dann aber begriffen. Auch außerhalb der Politik habe ich eine ganze Reihe Freunde gewonnen, und natürlich im Ausland. In einem dicken Buch habe ich über diese »Weggefährten« berichtet; dort finden Sie fast alle. Es ist

tatsächlich ein beglückender Reichtum an persönlichen Freundschaften, die mir im Laufe meines Lebens zuteil wurden. Was Beratung angeht, so habe ich übrigens immer das Prinzip verfolgt, Leute ganz anderer Alters- und Erfahrungsstufen zu befragen. Als ich selbst ein junger Mann war, habe ich mich mit älteren Mitarbeitern umgeben – als ich älter war, mit jüngeren.

Es gibt also Freundschaft in der Politik?
In der Politik ist Freundschaft sicher eine zweifelhafte Sache. Es gibt Freundschaften, und es gibt politische Freundschaften. Politische Freunde sind weniger gute Freunde als Freunde.

Und werden schneller zu Feinden.
Nicht unbedingt. Aber wenn jemand von einem anderen sagt, das ist mein politischer Freund, dann verstehe ich, er ist nicht sein wirklicher Freund.

Welcher Ihrer politischen Freunde ist zu einem wirklichen geworden?
Oder ist es vorher schon gewesen, ehe wir in der Politik zusammengearbeitet haben. Da gibt es eine ganze Menge: Hans Matthöfer, der eine Zeitlang Finanzminister war, oder Hans-Jürgen Wischnewski, meistens Ben Wisch genannt, oder Hans Apel, der Verteidigungsminister war, oder Georg Leber, sein Vorgänger, oder Herbert Wehner oder Jochen Vogel und in gewisser Weise immer noch, bis zum Ende, Willy Brandt.

Das überrascht jetzt. In Ihrer Beziehung zu Willy Brandt gab es doch wohl eine Zeit, in der Sie das Wort Freund ganz bestimmt nicht benutzt hätten.
Nein, das Wort hätte ich immer noch benutzt. Das Verhältnis zwischen Willy Brandt und mir hat im Laufe der Jahrzehnte natürlich Variationen, Veränderungen erfahren. Ich wäre für Willy Brandt in den sechziger Jahren durchs Feuer gegangen, da gibt es gar keinen Zweifel.

Das haben Sie gesagt, ja. Und dann?
Erst Ende der sechziger und in den siebziger Jahren gab es so manche Ereignisse, wo ich anderer Meinung war als Brandt und unzufrieden damit, wie er mit gewissen Fragen umging. Paradebeispiel war die berühmte oder berüchtigte Notstandsgesetzgebung der späten sechziger Jahre. Sie war heftig umstritten, die Sozialdemokraten waren jahrelang dagegen gewesen. Nun gab es in der Großen Koalition Entwürfe für eine Notstandsgesetzgebung, notabene auch für eine Änderung des Grundgesetzes; die Sozialdemokraten im Kabinett, Brandt, Wehner und Heinemann, hatten das mit beschlossen. Das mußte man den eigenen Abgeordneten aber erst einmal auseinandersetzen, und die waren instinktiv zunächst sehr skeptisch. Die von mir damals etwas ironisch so genannten Hohen Herren aus dem Kabinett ließen mich diese Überzeugungsarbeit gegenüber der eigenen Fraktion machen und hielten sich sehr zurück. Das hat, mindestens vorübergehend, die Freundschaft zu einigen der damaligen sozialdemokratischen Kabinettsmitglieder abgekühlt. Das fand ich nicht in Ordnung.

Was hat Sie daran besonders gestört, daß jemand keinen politischen Mut hat, oder daß jemand menschlich unzuverlässig handelt?
Unzuverlässig ist ein falscher Ausdruck. Es gab endlose Fraktionssitzungen, Tage und Wochen und Nächte. Und bei einigen der Sozialdemokraten, die sich in diesen Fraktionssitzungen zurückhielten, war das Feigheit vor dem Freunde. Das hat mich am meisten gestört.

Feigheit?
Ja, etwas Unpopuläres vortragen zu müssen.

Ist das ein Wort, das Sie im Zusammenhang mit Willy Brandt so benutzt haben damals?
Damals habe ich es ganz gewiß nicht benutzt, ich würde es auch heute nicht benutzen wollen. Eher mit diesem etwas ironischen Schlenker: Feigheit vor dem Freunde – das klingt nicht ganz so schlimm wie Feigheit allein, aber das war es. Es war Scheu davor, etwas Unpopuläres vertreten zu müssen.

War es das erste Mal?
Das war das erste Mal, ja.

Das erste Mal in einer Folge von ähnlichen Situationen? Die Frage ist, wann haben Sie das Vertrauen verloren in den Mann, für den Sie, wie Sie eben sagten, durchs Feuer gegangen wären.
Ich habe das Vertrauen nicht verloren, das ist falsch. Aber ich wäre nicht mehr für ihn durchs Feuer gegangen.

Die Debatte über die Notstandsgesetze liegt vor Beginn der Kanzlerschaft Brandt. Das heißt, gegenüber dem Kanzler Brandt hatten Sie bereits gewisse Vorbehalte?
Nein, das Wort Vorbehalte ist zu scharf. Ich bleibe bei den Ausdrücken, die ich benutzt habe. Ich habe gesagt, durchs Feuer gehen, das ist ja nun weiß Gott eine extreme Loyalitätsbekundung. So extrem war dann meine Loyalität später nicht mehr.

Wie weit hat diese Loyalität abgenommen? In der Brandt-Biographie, die jetzt erschienen ist, steht, Sie hätten während der Krankheit Brandts ebendiese Krankheit genutzt, um in seiner Abwesenheit die eigene Position zu stärken. Das wäre eine extreme Illoyalität.
Das ist Unsinn. Wir reden jetzt vom Herbst 1972, und einer, der nur das kennt, was zufällig in den Akten festgehalten worden ist, der macht da so eine Geschichte draus. Tatsache ist, daß Willy Brandt nicht ansprechbar war. Er war oben auf dem Venusberg und hatte zwei Leute gebeten, für ihn das neue Kabinett zusammenzustellen – der eine war Herbert Wehner, der andere war ich –, und das haben wir gemacht. Da kann natürlich heute jemand kommen und sagen, der Wehner und der Schmidt haben die Gelegenheit benutzt, das Kabinett so zusammenzubauen, wie sie es für richtig hielten. Das ist sogar richtig: Wir haben es so gemacht, wie wir es für richtig hielten, sicher. Das hat einigen der Höflinge – um jeden Kanzler herum gibt es immer Höflinge und Einflüsterer – vielleicht nicht gepaßt, das mag so sein. Einer der Punkte war, daß Wehner und Schmidt beide der

Meinung waren, daß Horst Ehmke nicht länger Kanzleramtschef sein sollte.

Und warum waren Sie dieser Meinung?
Weil er zuwenig Beamter und zuviel Politiker gewesen war in diesem Amt.

Und was heißt das? Er hat agiert, wo er hätte ausführen sollen?
Er hat sehr viel aus eigenem Antrieb agiert, wo er in Wirklichkeit dem Kanzler hätte zuarbeiten beziehungsweise dessen Anweisungen hätte ausführen sollen. Das gibt es überall in der Welt, daß in der Umgebung von Regierenden Leute sind, die sagen, der Chef hat das und das angeordnet; in Wirklichkeit ist es gar nicht so, sondern es hat irgendwo im Gespräch einmal eine Andeutung gegeben, und sie machen daraus eine Ordre de Mufti.

Solche Leute gibt es natürlich vor allem in der Umgebung von Regierenden, die eher als schwach gelten. Wäre Willy Brandt ein entscheidungsstarker Kanzler gewesen, dann hätte es dieses Problem so sicherlich nicht gegeben, oder?
Er war kein entscheidungsschwacher Mann, das wäre ein falscher Eindruck. Er war sehr viel weniger gesund, als es der öffentlichen Meinung bewußt gewesen ist, und ab und zu hatte er Depressionen, in denen er nicht ansprechbar war. Da war es durchaus verständlich, daß aus seiner Umgebung heraus Leute agiert haben in seinem Namen; aber seinen Ministern hat das nicht gefallen, soweit sie das

durchschauten. Ich war einer von denen, die das durchschaut haben, Wehner auch.

Wenn er nicht ansprechbar war, war er es auch nicht für Sie?
Er war überhaupt nicht ansprechbar.

Haben Sie mit ihm darüber geredet, wie problematisch es ist, wenn ein Regierungschef über lange Phasen die Regierungsgeschäfte nicht ausführen kann?
Ob es lange Phasen waren, weiß ich nicht. Das dauerte wohl meist ein paar Tage, im Maximum vielleicht zwei Wochen. Nein, wir haben darüber nicht geredet. Er hatte zu Wehner und mir gesagt, bereitet ihr mal die Kabinettsbildung vor, und das haben wir gemacht. Wenn es heute heißt, wir hätten das in unserem Interesse getan, ist das falsch. Wir haben es nicht in unserem Interesse getan, sondern haben das Kabinett so zusammengesetzt, wie es nach unserem Urteil vernünftig war. Brandt hätte übrigens das Ergebnis nicht akzeptieren müssen; er hätte sagen können, nein, das paßt mir nicht. Aber es hat ihm wahrscheinlich ganz gut gepaßt.

In der Notstandsdebatte kam es erstmals zu einer gewissen Entfremdung zwischen Ihnen und Brandt. Haben Sie Ihre Enttäuschung ihm gegenüber jemals thematisiert?
Nein, das habe ich nicht getan.

Warum nicht?

Nein, warum? Ich war ja der Lage durchaus gewachsen, und die Fraktion hat es schließlich und endlich so beschlossen, wie es vernünftig war.

Aber Brandt hat Sie die Kastanien aus dem Feuer holen lassen.

Ja. Aber diese Feigheit vor dem Freund galt ja nicht nur für Brandt, sie galt auch für den damaligen Bundesminister Wehner und für den damaligen Bundesminister Heinemann. Alle Sozialdemokraten, die Kabinettsmitglieder der Großen Koalition waren, hielten sich sehr zurück. Sie fanden das vielleicht ganz bequem, daß der Schmidt diese Diskussion bestritt. Im übrigen war ich in der Fraktion nicht allein, es gab in der Fraktion eine ganze Menge Leute, die tendenziell ähnlich dachten wie ich.

Sie haben die Unterstützung durch die Minister nicht eingefordert, warum nicht?

Nein, habe ich nicht getan. Ich habe eben schon mal geantwortet auf diese Frage, ich wiederhole meine Antwort: Ich war der Lage durchaus gewachsen, wozu sollte ich mir Hilfe holen? Aber ich habe es registriert. Und warum soll man Streitigkeiten auslösen, wenn sie nicht notwendig sind?

Weil sich Streitigkeiten sonst vervielfältigen und irgendwann einmal zu einem Bruch führen, wie das bei Ihnen passiert ist.

Nein, es hat nicht zu einem Bruch geführt. Als Willy Brandt auf den Tod krank war – sehr, sehr viel später, mehr als zwanzig Jahre später – und ich ihn das letzte Mal besucht habe, bin ich in der festen Überzeugung nach Hause gefahren, daß wir als Freunde voneinander geschieden sind. Und ich glaube, er hat das auch so empfunden. Nein, einen Bruch hat es nicht gegeben. Was es gegeben hat, waren tiefgreifende Meinungsverschiedenheiten.

Menschliche Enttäuschungen?
Nein, das waren tiefgreifende politische Meinungsverschiedenheiten, zum Beispiel über die Friedensbewegung oder über diese linken jungen Leute, die da in die SPD hineinströmten, wo sie eigentlich nicht hingehörten.

Wie Sie das sagen! Wo sollen denn die linken jungen Leute sonst hingehen, wenn nicht in die SPD?
Ich habe ja nichts dagegen, aber mir waren das zu viele auf einmal.

Heute wäre die SPD froh über solche linken jungen Leute.
Das weiß ich nicht. Ich bin immer noch ein Sozialdemokrat, und ich wäre auch heute nicht froh darüber, wenn allzu viele theoretisierende junge Intellektuelle, die links von sich selber stehen, sich in meiner Partei breitmachen.

Dann gründen die eigene Parteien, wie gesehen.
Das ist ein Fehler des Wahlrechts, nicht ein Fehler der Sozialdemokratischen Partei. Das Wahlrecht, das wir in Deutschland haben, kann im Extremfall

dazu führen, daß im Bundestag 19 Parteien vertreten sind; jede von ihnen ist gerade über die 5-Prozent-Hürde gekommen, macht zusammen mehr als 95 Prozent. Wehner und Schmidt und einige andere – in der CDU Leute wie Barzel, Paul Lücke und andere – waren schon in den sechziger Jahren der Meinung, daß wir ein Wahlrecht bräuchten nach englischem oder amerikanischem Vorbild, das verhindert, daß lauter kleine Parteien aufgemacht werden, und das infolgedessen die Bildung von Koalitionen überflüssig macht. Es gäbe dann in aller Regel eine Partei, die regiert, und eine, die opponiert. Die Wahlrechtsänderung war eines der Motive für die Bildung der Großen Koalition, aber wir sind in beiden Fraktionen damit gescheitert.

Für Sie ist eine Welt, in der es nur CDU und SPD gibt, gut?
Ja, die ist sehr viel besser als eine Welt, in der es fünf oder sechs Parteien gibt.

Das Drei-Parteien-System, das sich aufgrund des Wahlrechts in den siebziger Jahren herausgebildet hat, war aber sehr stabil.
Ja, es war stabil, aber nicht aufgrund des Wahlrechts, sondern aufgrund der Personen an der Spitze dieser Parteien.

Sie sagen also, daß Sie auf die FDP genauso verzichten können wie auf die Grünen. Sie reden da von zwei Parteien ...

Ich kann auch auf die Schill-Partei verzichten, ich kann auf all diese kleinen Parteien verzichten. Mir genügen zwei große, so wie in Amerika, Republikaner und Demokraten, oder wie in England, Labour und Konservative.

Würden Sie sagen, die FDP hat kein historisches Verdienst in Deutschland?
Das würde ich nicht sagen. Aber für das Regieren ist sie ein schwieriger Partner. Sie muß immer danach streben, am Leben zu bleiben.

Na ja, wer tut das nicht. Das hieße aber in der Konsequenz auch, daß Sie damals, in der Zeit der Friedensbewegung, ein paar von den jungen linken Leuten in die SPD nehmen mußten, weil dieses Potential sonst kein Ventil gefunden und auf der Straße möglicherweise zu radikaleren Mitteln gegriffen hätte.
Das war die Meinung von Willy Brandt, nicht meine.

Und Ihre war, das Problem erledigt sich von selbst?
Nein, das nicht. Meine Meinung war, Leute, die in Wirklichkeit lieber der Sowjetunion untertan sein wollen als in das Risiko eines Krieges zu laufen, die gehören nicht in meine Partei.

Ist Ihnen Willy Brandt dabei in den Rücken gefallen, ist das richtig beobachtet?
Na, er ist mir nicht in den Rücken gefallen, aber er hat sich mitziehen lassen – voller Verständnis für die jungen Leute, er hatte selber Söhne in dem Alter. Er

hat sich emotional mitziehen lassen. Ich möchte beinahe glauben, wenn er heute noch lebte – nachdem er die Konsequenzen des berühmten Doppelbeschlusses gesehen hat, nicht nur den Abrüstungsvertrag über Abschaffung sämtlicher atomarer Mittelstreckenwaffen sowohl auf sowjetischer als auch auf amerikanischer Seite, wenn er heute noch lebte und alle späteren Konsequenzen miterlebt hätte, würde er vielleicht sein damaliges Urteil revidieren.

Das werden wir nie wissen.
Können wir nicht wissen, nein. Aber manche, die damals auf seiner Seite gestanden haben, haben heute ihr Urteil revidiert.

Schließen Sie aus, daß Brandt eine Art politischer Befriedigung empfunden hat, auf der anderen Seite zu stehen? Dem Zeitgeist stand er jedenfalls näher als Sie. Hat er sich auch mit Blick auf Sie engagiert, das ist die Frage.
Das glaube ich nicht, nein. Er war sicherlich innerlich überzeugt, auf der richtigen Seite zu stehen. Ob der Zeitgeist auf derselben Seite stand, das ist noch höchst fraglich. Es hat sich ja dann hinterher gezeigt, ab 1982/83 folgende, daß die öffentliche Meinung in Deutschland durchaus bereit war, Kohl zu folgen, der in diesem Punkte nichts anderes tat, als meine Politik fortzusetzen.

Dann sagen wir, der linke Zeitgeist, das war es ja.
Ja, der ziemlich linke Zeitgeist. Ich habe mich selber auch immer für links gehalten.

Und was sind Sie in Wahrheit? Wenn Sie sagen, Sie hätten sich auch immer für links gehalten, klingt das so, als ob Sie dies nun revidieren müßten.
Nein, ich bin nach wie vor ein Sozialdemokrat, und so, wie die Sozialdemokraten nun mal eingeschätzt werden, zum Beispiel von Ihnen, sind das Linke. Allerdings war ich ein konservativer Sozialdemokrat, und das bleibe ich auch.

Wenn Sie 1974 mit dem Kanzleramt zugleich auch den Parteivorsitz übernommen hätten, wäre möglicherweise manches anders gelaufen?
Das ist schon wieder eine hypothetische Frage. Ich kreide es mir noch heute als Fehler an – und das war sicherlich nicht der einzige –, nicht zugleich Kanzler und Vorsitzender der Regierungspartei gewesen zu sein, beide Ämter nicht vereinigt zu haben. Darin war ich der einzige bisher von allen Kanzlern.

Hätten Sie es geschafft?
Ich habe es nicht gewollt.

Aber wenn Sie es gewollt hätten, hätten Sie es geschafft?
Das hätte dann von Brandts und Wehners Einstellung abgehangen. Aber es bleibt eine hypothetische Frage, denn ich habe es nicht gewollt.

Sie haben es für sich persönlich nicht gewollt?
Ich habe es aus politischen Gründen nicht gewollt. Und das war wahrscheinlich ein Fehler.

Was heißt aus politischen Gründen? Mit Rücksicht auf Brandt?

Nicht allein aus Rücksicht auf Willy Brandt, sondern vor allem grauste es mir vor der Doppelaufgabe.

Der Parteivorsitzende Willy Brandt hätte ahnen können, daß der Kanzler Helmut Schmidt an der Frage der Nachrüstung möglicherweise scheitert. Spätestens dann hätte er Sie unterstützen müssen.

Das weiß ich nicht. Er hat sicherlich genau wie ich gewußt oder gefühlt, daß der damalige Koalitionspartner weg wollte. Der mußte damit vor seinen Wählern die eigene Bedeutung beweisen – das war das wirkliche Motiv, die Existenzangst der FDP. Die hatten 1980 mit meiner Hilfe ein sehr schönes Wahlergebnis erzielt, hatten auch ihre Wahlplakate mit meinem Namen ausgestattet und hatten dann gleich anschließend angefangen, von der Notwendigkeit einer Wende zu reden, nachdem sie die Wahl eingefahren hatten. Daß die Koalition zu Ende gehen würde, hat Brandt sicherlich genauso gesehen wie ich.

Das beantwortet nicht die Frage, ob er im Fall des NATO-Doppelbeschlusses damit rechnen mußte, daß Sie daran auch in der eigenen Partei politisch scheitern.

Da bin ich nicht sicher. Ich kann nur wiederholen: In Wirklichkeit ist die Koalition nicht am Doppelbeschluß zerbrochen, der hat – auch in dem berühmten Scheidungspapier von Graf Lambsdorff – überhaupt keine Rolle gespielt. Das ist von Journalisten so dargestellt worden, und die Historiker, die alte Zeitungsausschnitte aufarbeiten, halten das nun für die geschichtliche Wahrheit. Daran ist sie nicht zerbrochen.

Aber der Rückhalt der SPD für ihren Kanzler Schmidt ist daran zerbrochen. Das hat Brandt nicht verhindert.
Nein, das hat er nicht verhindert.

Warum nicht?
Wissen Sie, es paßt mir nicht so recht, daß ich hier nachträglich mich in die Seele eines Toten versetzen soll und seine Motive ergründen soll, das ist nicht meine Aufgabe. Wir waren verschiedener Meinung in dieser Sache. Ich hielt sein Urteil für falsch. Mehr will ich dazu nicht sagen.

Es hat ähnliche Konstellationen übrigens auch früher schon gegeben. Gehen Sie mal ein paar Jahrzehnte zurück, an den Beginn der Bundesrepublik. Die Franzosen boten 1950 mit dem Schuman-Plan und später mit dem Pleven-Plan einer Europäischen Verteidigungsgemeinschaft den Deutschen, sprich Adenauer, den Beginn der europäischen Integration an. Was sich daraus später entwickeln würde, konnte man damals nicht voraussehen. Adenauer war dafür, und Schumacher, der Führer der Sozialdemokraten, war dagegen. Aber es gab viele Sozialdemokraten, die anderer Meinung waren als Schumacher, zum Beispiel hier in Hamburg mein hochverehrter Bürgermeister Max Brauer oder der großartige Regierende Bürgermeister von Berlin, Ernst Reuter, oder Wilhelm Kaisen in Bremen. Die waren im Grunde alle der Meinung Adenauers und nicht der

Meinung Schumachers. Das heißt aber nicht, daß sie an der Person Schumachers zweifelten. Ich habe Schumacher hoch respektiert, eine verehrungswürdige Figur, aber das, was er da vertrat, war auch in meinen Augen falsch, so wie umgekehrt in seinen Augen das, was Brauer und Kaisen und Ernst Reuter sagten, falsch war. Da gibt es dann keine Möglichkeit zu einem Kompromiß: Entweder man ist dafür, oder man ist nicht dafür, man kann nicht halb dafür sein und halb dagegen. Es gibt Fragen, über die keine Kompromisse möglich sind.

Eine solche prinzipielle Frage war sicher auch die Frage der Wiedervereinigung. Das war eine Frage, die für Willy Brandt überhaupt nicht anders hätte beantwortet werden können, als daß aus zwei deutschen Staaten wieder einer wird.

Das ist nicht ganz vollständig. Brandt hat in der zweiten Hälfte der achtziger Jahre etwas geschwankt. Brandt ist in seinen Berliner Anfangszeiten anderer Meinung gewesen als Schumacher. Schumacher war der Meinung, man müsse die europäische Integration ablehnen, weil das die Wiedervereinigung unmöglich mache. Brandt war der Meinung, ein Ja zur europäischen Vereinigung muß die Wiedervereinigung nicht unmöglich machen. In der zweiten Hälfte der achtziger Jahre gibt es von ihm dann das Wort von der Lebenslüge der Deutschen; da hat er geschwankt. Dann eröffnete sich aber die Chance, durch den erkennbaren Zusammenbruch der Sowjetunion und durch das außenpolitische Einlenken Gorbatschows, und dann kommt dieses berühmte Brandt-Wort: »Es wächst zusammen, was zusammengehört.« Ich hingegen habe – in Kenntnis der europäischen Geschichte durch die Jahrhunderte – nie daran gezweifelt, daß politische Machtkonstellationen in Europa sich immer wieder ändern, sich auch in Zukunft immer wieder ändern werden, und daß deshalb eines Tages die Chance zur Zusammenfügung der beiden deutschen Teile entstehen würde. Ich habe nicht vorhergesehen, daß das zu meinen Lebzeiten geschehen würde, denn ich habe den Zusammenbruch der Sowjetunion nicht vorhergesehen. Es gibt wenige Leute, die den vorhergesehen haben.

Als die Mauer dann fiel, gab es nicht wenige – gerade in Ihrer Partei, ich denke an den Spitzenkandidaten Lafontaine –, die von einer Wiedervereinigung nichts wissen wollten. Wie erklären Sie sich das?
Ich habe den Mauerfall hier miterlebt in Hamburg vorm Fernseher. Zwei, drei Tage vorher war ich noch in Sachsen gewesen, hatte dort mit Oppositionellen im Rahmen der evangelischen Kirche konferiert und diskutiert. Als ich dann die Bilder sah, sind mir die Tränen gekommen – das ist in meinem Leben ganz selten vorgekommen. Es gibt aber Leute, denen durch ihren Lebenslauf, durch ihre Erziehung, durch die Umgebung, in der sie groß geworden sind, die nationale Identität nicht soviel bedeutet wie mir. Lafontaine stand damals an der Spitze im Wahlkampf und hat den Eindruck erweckt oder jedenfalls zugelassen, als ob er aus ökonomischen Gründen an der Wiedervereinigung nicht sonderlich interessiert sei.

Ich bin darüber empört gewesen und habe öffentlich gesagt, er wird die Wahl verlieren, und das verdient er auch. Trotzdem habe ich SPD gewählt.

Ärgern Sie sich über die eigenen Genossen manchmal mehr als über politische Gegner?
Ja, allerdings.

Die Wiedervereinigung, politisch, ökonomisch, sozial, mußte man wollen?
Ja, nach meiner Meinung mußte man sie wollen. Ich habe damals in der Redaktion der ZEIT gesagt, jetzt muß der Bundeskanzler – das war Kohl – eine große Rede halten, ähnlich wie Churchill bei seinem Amtsantritt 1940 ...

Blut, Schweiß und Tränen ...
Ja, nicht Blut, aber Opfer. Ich wußte, die Vereinigung würde große Opfer verlangen, und die Opfer würden mit Tränen verbunden sein. Ich war der Meinung, daß das verkündet werden mußte: Jetzt ist das Volk begeistert, das ist der Augenblick. Das hat Kohl nicht verstanden.

Die SPD hat aber auch versagt.
Ja, die Führung der SPD, Lafontaine und die oberste Spitze, nicht aber die Masse der Sozialdemokraten.

Vielleicht war die Führung der SPD besorgt vor einem Anschwellen des Nationalgefühls, das ja in der Lage ist, auch bei denen, die es sonst nicht so zeigen, Emotionen zu wecken.

Das ist die geringste Gefahr. Es gibt andere Gefahren, die aus Nationalismus resultieren können. Nationale Emotion zu zeigen ist ja noch kein Nationalismus. Nationalismus ist eine gefährliche Sache. Schauen Sie nach Amerika, da können Sie die Gefahr ganz deutlich spüren, daß die gerechtfertigte Empörung nach dem 11. September überschwappt in imperiales Gehabe. Wir haben in Deutschland schlimme Exaltationen von Nationalismus erlebt, Wilhelm II. war die Paradefigur für diese ekelhaften Entgleisungen. Bei Hitler war das noch etwas anderes – das war ein Verrückter, ein verbrecherischer Imperialist. Wenn Imperialisten Glück haben und es gutgeht, dann werden sie berühmt in der Geschichte wie Cäsar oder Alexander, und wenn es schiefgeht, dann werden sie zu Abscheugestalten wie Dschingis Khan.

Aber mit Hitler ist der Begriff Nation, das nationale Bewußtsein in Deutschland so stark in Mißkredit geraten, gerade auch bei der jüngeren Generation, daß die ganze Debatte um die Wiedervereinigung auch als eine Generationendebatte erscheint.

Nicht bei der heutigen jüngeren Generation, sondern bei den 68ern, also den intellektuellen Wortführern der jungen Linken, bei denen ist Nationalgefühl und nationale Identität so in Mißkredit geraten, daß Ihre Beobachtung zutrifft. Anfang der neunziger Jahre habe ich, gemeinsam mit einigen anderen, eine Stiftung gegründet, die den Zweck verfolgt, die gemeinsame Identität der Deutschen wiederherzustellen. Uns war klar, daß – selbst, wenn es nach der Vereinigung ökonomisch sehr viel besser gelaufen wäre im Osten Deutschlands – noch keineswegs die gleiche Identität hergestellt war. Wir haben diese Stiftung Nationalstiftung genannt, um den Begriff der Nation zu okkupieren und ihn nicht etwa Herrn Frey oder anderen verrückten Rechtsextremen zu überlassen. Gott sei Dank ist übertriebener Nationalismus bei uns heute bloß eine Randerscheinung. Solche Randerscheinungen gibt es auch in Frankreich, in Italien, in Amerika, in vielen Staaten sehr viel stärker als bei uns. In der Masse der 80 Millionen Deutschen, die hier in diesem Staate leben, gibt es eigentlich keinen Nationalismus.

Herr Schmidt, hätten Sie in den letzten, sagen wir, 25 Jahren Ihres Lebens irgendeine Weiche anders stellen wollen?
Nein, aber ich habe auch nicht alle Weichen selbst gestellt. Zum Beispiel bin ich jetzt seit 18 Jahren einer der Herausgeber der ZEIT. Das war das Werk von Gerd Bucerius und in erheblichem Maße wahrscheinlich auch das von Marion Dönhoff und Theo Sommer. Aber die Weiche hat Bucerius gestellt, und ich habe gern akzeptiert.

Wie lange werden Sie der Zeitung zur Verfügung stehen?
Das kommt darauf an. Bucerius lebt nicht mehr, und die Zeitung gehört heute jemand anders. Er könnte auf die Idee kommen, der Schmidt ist überflüssig. Dann muß ich gehen.

Haben Sie den Eindruck, daß das passieren könnte?
Im Augenblick nicht. Aber heutzutage werden Zeitungen, genau wie Firmen, hin und her verkauft; ich hoffe deshalb, der gegenwärtige Eigentümer Holtzbrinck kommt nicht auf solche Gedanken.

Was bedeutet Ihnen die ZEIT?
In einem erheblichen Maße zwingt mich die Arbeit dort dazu, mir über neue Entwicklungen oder neue Gefährdungen oder neue Chancen Gedanken zu machen, mir ein Urteil zu bilden. Dieser Zwang ist durchaus nützlich. Außerdem ist die allwöchentliche Diskussion mit intelligenten Leuten, die an der Politik interessiert sind, fruchtbar. Davon haben die was, aber ich auch. Nein, das mache ich eigentlich ganz gern.

Wird die ZEIT in fünf oder zehn Jahren noch so aussehen wie heute?
Es bleibt insgesamt undeutlich, welche Rolle die Zeitungen in der Fernseh- und Internet-Gesellschaft spielen werden. Wenn ich ein Wunschbild formulieren sollte, dann möchte ich eine Zeitung haben, die zum einen die Leser und Leserinnen informiert über das, was wichtig ist – und die ihnen zum anderen ermöglicht, sich ein eigenes kritisches Urteil zu bilden. Das wäre das Gegenteil zum Beispiel zur *Bild*-Zeitung. Die liberale Grundgesinnung wird auf jeden Fall bleiben. Im übrigen ändern im Laufe von Jahrzehnten alle großen Zeitungen ihr Gesicht – nicht nur in der Aufmachung, auch im Gehalt, auch im Stil. Die ZEIT existiert jetzt ein halbes Jahrhun-

dert, ein bißchen länger; sie hat sich vielfach geändert im Laufe dieser Jahre und wird sich auch in Zukunft ändern. Die freiheitliche Grundgesinnung aber wird sicher bleiben.

Vorausgesetzt, daß die ZEIT wirtschaftlich überlebt.
Es gibt eigentlich keinen Grund, das zu bezweifeln. Man kann mit der ZEIT nicht große Gewinne machen, aber solange sie an den roten Zahlen vorbeischrammt, ist es für mich gut genug. Und wenn sie, wie jetzt, sogar schwarze Zahlen schreibt – wenn auch ganz kleine –, dann ist alles in Ordnung.

Sie sind Herausgeber der ZEIT, und Sie sind Altbundeskanzler. Letzteres ist auch vor diesem Haus ersichtlich, es gibt eine Wache, Sicherheitsbeamte, eine gepanzerte Limousine, überall Kameras. Können Sie darauf nicht verzichten oder dürfen Sie nicht?
Weder noch, sondern es ist folgendermaßen: Das Bundeskriminalamt bewertet die Gefährdung von Personen; die haben mich irgendwann in die oberste Gefährdungsstufe eingeordnet, und da bin ich immer noch drin. Ich finde es gar nicht so schlimm, im Gegenteil, die Sicherheitsbeamten sind eine große Hilfe. Die machen einem die schwere Autotür auf, die checken einen ein am Flughafen, wenn ich irgendwo hinfliegen will.

Sie haben sich daran gewöhnt?
Ich habe mich sehr daran gewöhnt. Wie gesagt, da oben hängt einer mit Namen Otti, der gehört quasi zur Familie.

Das Auto hat den Nachteil, daß Sie es nicht selber fahren können.
Das ist wahr. Das ist wirklich der einzige große Nachteil. Ich würde ganz gern Auto fahren.

Fahren Sie gut?
Ich bilde mir ein, daß ich sicher fahre. Der Kraftfahrer und die Sicherheitsbeamten, denen sträuben sich die Haare, wenn sie sich vorstellen, daß ich den Panzer fahren würde.

Vielleicht sind Sie aus der Übung?
Nicht ganz, weil ich im Urlaub manchmal selbst fahre.

Fahren Sie da schnell?
Nein, eigentlich nicht, sicherlich nicht schneller als 100 oder 110 Stundenkilometer. Inzwischen bin ich zu alt und zu vernünftig und weiß, daß meine Reaktionsgeschwindigkeit nicht mehr ganz so ausgeprägt ist wie vor zwanzig oder dreißig Jahren.

Wissen Sie, daß man manchmal das Gefühl hat, Sie wären schon vernünftig auf die Welt gekommen?
Nein, bin ich nicht, und ich bin auch nicht wirklich vernünftig, ich tue bloß so.

Und es sieht auch so aus, als ob Sie schon sehr früh erwachsen gewesen wären.
Relativ früh erwachsen, ja. Das ergab der Lebenslauf in der Nazizeit und der Krieg und die nichtari-

sche Abstammung – aber all das ergab sich zwangsläufig, das ist kein Verdienst.

Spüren Sie ein bißchen Verachtung für Menschen, die weniger erwachsen sind als Sie?
Nein, Verachtung nicht. Aber ich habe etwas dagegen, daß nicht erwachsene Leute ihren Schnabel weit aufreißen und Entscheidungsmacht über andere beanspruchen.

Eines der Klischees über Sie ist das der Arroganz. Man sagt, Sie seien arrogant gegenüber denen, die nicht so intelligent sind wie Sie, und das sind ja dann doch eine ganze Menge.
Und was ist die Frage?

Ob es ein Klischee ist, oder ob Sie es absichtsvoll sind.
Nee, absichtsvoll ist keiner arrogant, nehme ich an; ich auch nicht. Aber ich bin absichtsvoll manchmal sehr abweisend, das gebe ich gern zu. Wenn Leute sich im Gespräch aufdrängen, die ich lästig finde, oder überflüssige Themen anbringen ... Nein, mit diesem Klischee der Arroganz muß man leben, das ist eines der vielen Dinge, die man nicht ändern kann, also muß man sie ertragen.

Dieses Foto hier, der »Retter des Vaterlandes«, sind Sie das?
Das soll ich sein, ja. Aber viel wichtiger ist der Apparat da drunter, dieses uralte Telefon, wo man noch kurbeln kann. Da können Sie immer mit dem

lieben Gott telefonieren. Und der alte Herr hört sich das alles an, was Sie ihm sagen, und schweigt.

Wie weise!
Schweigt und denkt vielleicht: Ja, ja, mein Sohn, ich weiß.

Wie oft nutzen Sie das Telefon?
Ich selber habe es noch nie benutzt. Aber ich empfehle es manchmal.

Eine Frage, die letzte, eine scherzhafte. Haben Sie den Scheitel jemals auf der anderen Seite des Kopfes getragen?
Nein, nein, seit Kindeszeiten so.

Nie probiert?
Nein. Je nachdem, welcher Friseur mir das letzte Mal die Haare geschnitten hat, sitzt der Scheitel ein bißchen höher oder ein bißchen tiefer, aber ich habe ihn immer auf der linken Seite gehabt.

Aber wieso? Jeder probiert doch einmal aus, ob ihm ein Bart steht, ein Schnauzbart, ein Mittelscheitel ...
Ich habe weder einen Bart ausprobiert, noch einen anderen Scheitel. Nein, ich bin mit meinem Scheitel durchaus zufrieden.

ANHANG

Leserbrief an die Redaktion der Welt, *von dieser unverändert als »Gastkommentar« unter dem Namen Helmut Schmidts abgedruckt in der Ausgabe vom 14. Dezember 2001 (vgl. S. 137).*

Auf einige Punkte Ihres ausdrücklich an mich gerichteten Leitartikels in der »Welt« vom 12. Dezember möchte ich im folgenden antworten: Vorweg aber ein kleiner Vorschlag: Lassen Sie sich mein in Rede stehendes n-tv-Interview mit Frau Maischberger zur Gänze vorspielen. Sie werden danach nicht mehr den Eindruck aufrechterhalten, ich hätte mich positiv für die gegenwärtig im Bundesland Berlin beabsichtigte Koalitionsbildung ausgesprochen. Andererseits werden Sie Ihren eigenen Satz gerechtfertigt finden, wonach ich nicht dazu neige, meiner SPD mit geschlossenen Augen zu applaudieren; denn so ist es in der Tat.

Ich glaube kaum, daß unter ehemaligen Kommunisten, selbst wenn sie ganz und gar abgeschworen, umgelernt und sich geistig gewendet haben, sich Leute finden, die wesentlich zur Gesundung des Berliner Haushalts beitragen können. Ich habe diesen einen »Saustall« genannt, welchen in Ordnung zu bringen »einer mittleren Revolution« bedürfe. Damit war gemeint: Weil das Steueraufkommen dieser Stadt auf längere Sicht völlig unzureichend bleiben wird, um die außergewöhnlichen kulturellen Aufgaben der deutschen Hauptstadt und deren Ausstrahlung auf das ganze Deutschland und in die Welt finanzieren und leisten zu können, bedarf Berlin eines anderen Finanzstatus. Nämlich entweder einer Lösung, wie sie etwa seit langem in Washington D.C. gegeben ist. Oder aber die nationalen kulturellen Aufgaben Berlins – drei große Universitäten, die großen Opern, Theater und Orchester, die Museumsinsel, die historisch bedeutsamen Bauten etc. – müssen aus dem Berliner Haushalt ausgegliedert und in den Bundeshaushalt übernommen werden.

Das Interview hat sich dann nicht dieser »mittleren Revolution« zugewendet, sondern der Berliner PDS. Ich habe dazu gesagt, daß diese Partei fast eine Hälfte der Wähler im Osten Berlins vertritt und daß deshalb »im Prinzip wünschenswert« ist, sie in die Verantwortung zu ziehen; dem habe ich hinzugefügt: »Wahrscheinlich ist es vier Jahre zu früh.« Ich bleibe allerdings bei diesen Meinungen.

Entgegen Ihrer Darstellung habe ich keineswegs von einer »Verpflichtung« oder Notwendigkeit gesprochen, uns »... von dieser Partei regieren zu lassen«. Wohl aber habe ich die Meinung geäußert, man werde am Ende dieses Jahrzehnts ebenso wie in Polen, Ungarn oder Frankreich auch in Regierungen bei uns »ehemalige, gewendete Kommunisten« vorfinden. Dazu stellen Sie mir die Frage:

»Was denken Sie sich dabei?« Ich habe in der Tat schon seit langem darüber nachgedacht. Mein entscheidendes Motiv ist die Wiederherstellung einer gemeinsam bewußten nationalen Identität der Deutschen. Mich bekümmert sehr, daß der wirtschaftliche Aufholprozeß der sechs östlichen Bundesländer 1996 zum Stillstand gekommen ist, daß die Arbeitslosigkeit im Osten mehr als doppelt so hoch ist wie im Westen, daß infolgedessen Enttäuschungen und auch Abwanderungen eine allzu große Rolle spielen. Ich habe an anderer Stelle vielerlei Vorschläge zur Abhilfe gemacht, leider bisher nur mit geringem Erfolg.

Mich bekümmert am meisten, daß der Prozeß der seelischen, der geistigen, auch der ideologisch-politischen Wiedervereinigung der Nation nur sehr langsam vorankommt. Die vielfältig gegenseitige Ab- und Ausgrenzung ist eine der Ursachen. Konrad Adenauer und Kurt Schumacher waren darin klüger und auch großzügiger. Adenauer hatte durchaus ehemalige Nazis in seinen Regierungen; Schumacher nahm ehemalige Kommunisten und auch ehemalige Waffen-SS-Leute in die SPD auf. Obschon jugendliche Kommunisten eher Idealisten und weniger Opportunisten gewesen sind als viele erwachsene Mitglieder der Ost-CDU oder der LDP, nimmt heute vernünftigerweise kaum einer Anstoß an beruflichen und politischen Karrieren ehemaliger ostdeutscher »Blockflöten«. Wohl aber nehmen Sie Anstoß an ehemaligen Kommunisten.

Nach meinem Urteil kommt es immer auf die heutige Person an. Gorbatschow oder Putin sind Kommunisten gewesen, gleichwohl haben sie heute unseren Respekt –

und mit Recht. Joschka Fischer ist ein Anarchist gewesen, gleichwohl hat er heute unseren Respekt. Herbert Wehner ist Kommunist gewesen, gleichwohl habe ich ihm voll vertraut. Wer allerdings heute noch glaubt, Stalin oder Chruschtschow, Ulbricht, Honecker, Mittag oder Mielke hätten im Prinzip recht gehabt, dem ist nicht zu helfen. Wer dagegen inzwischen die deutsche Geschichte verstanden und aus ihr gelernt hat, wer heute die ersten zwanzig Artikel des Grundgesetzes und dessen parlamantarische Demokratie bejaht, weil er sie verinnerlicht hat, der ist mir als Bürger und als Nachbar willkommen. Ob dies für Herrn Gysi zutrifft, weiß ich nicht, weil ich ihn nicht kenne. Ich werde die PDS niemals wählen oder unterstützen. Aber ich werde diejenigen akzeptieren, die als Demokraten der PDS ihre Stimme geben.

Ob in Deutschland, in Spanien oder Portugal, ob in Rußland, Polen oder Ungarn – in vielen ehemaligen Diktaturen haben viele Menschen gründlich gelernt. Man darf sie nicht auf die Dauer unter Quarantäne stellen.

Christian Rickens

Die neuen Spießer

Von der fatalen Sehnsucht nach einer überholten Gesellschaft

ISBN 978-3-548-36965-5
www.ullstein-buchverlage.de

Die neuen Bürgerlichen sind auf dem Vormarsch. Sie klagen über den Niedergang von Familie, Glauben und Vaterland – und fordern eine Rückkehr zu alten Werten. Doch was ist dran an ihren Thesen? Was ist Provokation, was irrationale Schwarzmalerei? Wo irren Schirrmacher, Hahne & Co.?
Mit Intelligenz und Klarsicht hinterfragt Christian Rickens erstmals die Ideen und Positionen der neubürgerlichen Propheten und räumt mit deren Vorurteilen, Mythen und Denkfehlern auf.

»Klar und gut strukturiert, ein Buch mit viel Witz – allerdings zu Lasten der ›neuen Spießer‹«
Süddeutsche Zeitung

»Messerscharfe Analyse« *Christian Ulmen*

»Rickens' Buch ist bei aller Schärfe auch voller trefflicher Anekdoten, ist unterhaltsam und amüsant geschrieben.« *Welt am Sonntag*

US284

Helmut Schmidt im Gespräch mit Frank Sieren

Nachbar China

ISBN 978-3-548-36974-7
www.ullstein-buchverlage.de

1975 reiste Helmut Schmidt als Bundeskanzler zum ersten Mal nach China. Seither hat er das Reich der Mitte regelmäßig besucht und steht bis heute in engem Kontakt mit der Führung in Peking. Im Dialog mit Frank Sieren, »einem der führenden deutschen China-Spezialisten« *(Die Zeit)*, erzählt er, warum ihn das Land so fasziniert, und beschreibt die Herausforderungen, auf die Europa eine Antwort finden muss.

»Altkanzler Helmut Schmidt kennt, wie kaum ein Zweiter im Westen, China und die chinesische Führung von Mao bis heute.«
Frankfurter Allgemeine Zeitung

»Es ist wohl der kennerischen Kongenialität der beiden Dialogpartner zu verdanken, dass ein insgesamt hochinteressantes Panorama der Entwicklung Chinas deutlich wird.«
Deutschlandradio Kultur

US289

Peter Scholl-Latour

Zwischen den Fronten

Erlebte Weltgeschichte.
Mit zahlreichen Abbildungen

ISBN 978-3-548-37234-1
www.ullstein-buchverlage.de

Peter Scholl-Latour kennt die Welt wie kein Zweiter. Was ihn auszeichnet und seinen beispiellosen Erfolg begründet, sind die fast sechzigjährige Erfahrung als Chronist des Weltgeschehens, die profunde Kenntnis der Kulturen unserer Erde und die visionäre Kraft, mit der er kommende Entwicklungen heraufzubeschwören vermag. Jüngste Reisen nach China und Russland, in die USA und in den Nahen und Mittleren Osten nimmt Peter Scholl-Latour zum Ausgangspunkt, um die dramatischen Verschiebungen des weltweiten Machtgefüges zu schildern, deren Zeugen wir sind.

»Auf ganz unpolitologische Weise kommen scharfe politische Analysen zustande, die sich so spannend wie ein Abenteuerbericht lesen.« *FAZ*

»Er hat mal wieder recht behalten.« *Der Spiegel*

US311

ullstein